MAX WEBER

EL SABIO Y LA POLÍTICA

COLECCIÓN **MÍNIMA**

EDITORIAL

Universidad Nacional de Córdoba

ENCUENTRO
Grupo Editor

Diseño: Agustín Massanet

Weber, Max
   El sabio y la política - 1a ed. - Córdoba : Encuentro Grupo Editor: Univ.
Nacional de Córdoba, 2008.
   170 p. ; 21x12 cm. (Mínima)

   Traducido por: Delia García Giordano

   1. Sociología. I. García Giordano, Delia, trad. II. Título
   CDD 301

Impreso en Argentina

Editorial Universidad Nacional de Córdoba
Encuentro Grupo Editor
2008

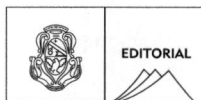

EDITORIAL

Universidad Nacional de Córdoba

ENCUENTRO
Grupo Editor

MAX WEBER

Prólogo de
Juan Carlos Torre

Wissenschaft als Beruf
München, Duncker & Humblot, 1919. Reproducido
en Gesammelte Aufsätze zur Wissenschaftslehre,
2ª ed. (Tübingen, Mohr, 1951), 566-597

Traducción directa de Delia García Giordano

Politik als Beruf
München, Duncker & Humblot, 1919. Reproducido
en Gesammelte politische Schriften, 2ª ed.
(Tübingen, Mohr, 1958) 493-548

Traducción directa de J. L. B.
☙❧

EDITORIAL
Universidad Nacional de Córdoba

ENCUENTRO
Grupo Editor

EDITORIAL

Universidad Nacional de Córdoba

ENCUENTRO
Grupo Editor

L a obra de Max Weber es, como él lo quiso de la historia, una creación de nuestro espíritu. Somos nosotros, hoy, los que tomamos posición frente a ella, le otorgamos un sentido. Comienza a pertenecernos porque se trata de un pasado que, al interrogarlo, cesa de serlo para devolvernos, transfigurados, los intereses y las pasiones que definen nuestro presente. ¿Por qué entonces Max Weber? Porque reencontramos en él la misma tensión entre conocimiento y acción, entre el saber y la política que caracteriza la situación de los intelectuales latinoamericanos. Protagonistas de un mundo en transición, hasta nuestras cátedras, nuestros laboratorios, llegan las demandas de un futuro que reclama también de nuestra acción para constituirse.

Weber vivió igualmente una época de cambio. La declinación del Imperio, la primera guerra mundial, el fracaso de la revolución socialista en Alemania, la fundación de la República de Weimar, fueron hitos de un ciclo dramático cuya culminación —el surgimiento y el triunfo del nazismo— sin embargo no alcanzará a ver. Durante su transcurso la sociedad alemana fue transformándose en una democracia de masas, fundada en un creciente proceso de burocratización y uniformización social. Weber habrá de tomar partido en este desafío puesto al liberalismo. Es esta conciencia de la historia en acto la que lo lleva reiteradamente a tomar distancia respecto a su labor intelectual, a reconocer a la actividad práctica como una forma de realización personal. Su vida, sin embargo, oscilará entre el alejamiento y la participación, en una tensión que nunca alcanzó a resolverse.

Nace en 1864. Su padre, proveniente de una familia de industriales textiles, era un conocido abogado y parlamentario nacional-liberal durante la época de Bismarck. Su madre fue una mujer de cultura, consagrada a una religiosidad intensa. Estas fueron las figuras que rodearon a Max Weber hasta la edad de 29 años. Reinhard Bendix, en su biografía, anota algunos hechos: "Un ataque de meningitis a la edad de cuatro años, el ambiente estimulante de su hogar y una predilección por los libros lo llevaron a alejarse de sus pares desde muy temprano, volviéndolo al mismo tiempo a la rutina escolar de sus maestros. Repelido tanto por la complacencia victoriana de su padre así como por la fuerte devoción de su madre se convirtió en un estudiante precoz"[1].

Replegado sobre sí mismo, comienza a forjar la disciplina de trabajo que habrá de permitirle, a pesar de las contingencias de su vida, realizar una obra notable dentro de la historia de la sociología. En 1882 se inscribe en la carrera de derecho de la

---

1 Bendix, Reinhard. *Max Weber, an intellectual portrait.* Ed. Doubleday Ancher Book, N. York, 1962, pág. 4. Los datos biográficos han sido extraídos de esta obra de Bendix la que por otra parte está inspirada en la biografía compuesta por la esposa de Weber. Ver Marianne Weber, *Max Weber*, Ed. Lambert Schneider, Heidelberg. 1950.

Universidad de Heidelberg. Tiene entonces 18 años. El ingreso a la vida universitaria transforma su carácter. Sin descuidar sus estudios, se integra rápidamente al estilo de vida de las fraternidades alemanas de la época, con sus desafíos, sus borracheras, su estridente jovialidad romántica: de un adolescente retraído se convierte en un joven fuerte y agresivamente viril. Concluye sus estudios de abogacía en 1886 y tres años después presenta su tesis doctoral: *Contribución a la historia de las organizaciones comerciales medievales*. Debe luego realizar las prácticas profesionales establecidas para su nuevo estatus. De este modo toma contacto con los problemas políticos y sociales de la sociedad agraria en las provincias del Este del río Elba. Simultáneamente comienza a prepararse para la carrera académica. Weber se sintió molesto y oprimido por su dependencia financiera de sus padres y adopta esta decisión con la esperanza de lograr su independencia más rápidamente. Comienza entonces el estudio de las instituciones legales, como resultado del cual produce su segundo trabajo *La historia agraria de Roma y su significación para el Derecho Público y Privado* (1891). Alcanza así la condición de Privatdozent en Derecho Romano, Germano y Comercial de la Universidad de Berlín. Sin embargo, vacila. Su vida parece desplegarse delante de él, animada por una fuerza propia, que él deja hacer, permaneciendo sin compromisos, sin prestarle la complicidad de su entusiasmo. Mientras se prepara para la carrera docente escribirá: "Comprendo que no debería abandonar la vida de la experiencia práctica puesto que ahora sé que podría alcanzar algo en esta dirección, lo que de ningún modo es seguro en el caso de una carrera académica…"[2]. Se encuentra entonces realizando sus prácticas profesionales, las que no sólo serán la fuente de una amplia investigación sobre los trabajadores rurales de las provincias situadas al Este del río Elba publicada en 1892, sino que dejarán en él una permanente nostalgia por la acción.

Así, poco después de obtener su primer nombramiento académico, solicita un cargo de abogado en el municipio de Bremen debido a su "gran anhelo por desempeñar un oficio práctico". En 1893 se casa con Marianne Schnitger y abandona la casa de sus padres. Hacia el otoño de 1894 es designado profesor de Economía de la Universidad de Friburgo en la que un año después, realiza su disertación inaugural sobre *El Estado nacional y la política económica*. Para ese entonces había ya alcanzado reputación como intelectual y tenía delante de sí la perspectiva de una brillante carrera académica. Sin embargo, sobreviven en él las antiguas tensiones; por esa época escribe: "Después de todo, no soy un intelectual. La actividad científica es para mí una ocupación para las horas libres… El sentimiento de estar activo de un modo práctico es indispensable para mí: espero que la parte pedagógica de mi profesión de docente habrá de satisfacer este anhelo"[3].

Weber se orientó hacia la carrera académica pero durante sólo cinco años llevó en ella un desempeño regular. En 1897, siendo profesor en Heidelberg desde el año anterior, se siente enfer-

2 Ib. pág. 4.
3 Ib. págs. 4 y 5.

mo y debe abandonar sus tareas. Tiene treinta y tres años. Se trata de un serio trastorno psíquico que anula la fortaleza y laboriosidad característica de Weber. ¿Son estas mismas cualidades las que, exacerbadas, le produjeron el estado de ansiedad y depresión que lo mantuvo alejado durante casi cinco años de toda actividad? Lazarsfeld y Oberschall comentando este acontecimiento insinúan una explicación diferente, en la dirección de un razonamiento psicoanalítico[4]. Para ello enlazan los hechos que preceden a la crisis tal como son presentados por la esposa de Weber. Weber estuvo ligado a una profunda amistad con su madre, a diferencia de la distancia en la que se mantenían sus relaciones con el padre, político conservador miembro del parlamento alemán. A la edad de treinta y tres años, casado y por lo tanto residiendo fuera de la casa de sus padres, tiene una violenta discusión con su padre. La cuestión en debate era si la madre habría de obtener permiso para visitar sola a su hijo y permanecer con él por lo menos un mes cada año. La discusión produjo la separación de los padres; el padre parte de viaje por su cuenta y muere dos meses más tarde sin haberse reconciliado con su hijo Max. Dos meses después éste es víctima del colapso nervioso. Sin intentar avanzar más allá de esta breve narración de los hechos, es evidente que esta atmósfera familiar y los problemas psicológicos no resueltos acentuaron aún más las tendencias que marcaron la vida de Weber.

---

4 Lasarsfeld, Paul y Oberschall Anthony. "Max Weber and Empirical Social Research" en *American Sociological Review*, vol. 30, N° 2, Abril de 1965, pág. 195.

Durante los años de su convalecencia realizó viajes, pasando la mayor parte del tiempo en Italia. Luego de casi cuatro años pareció recobrarse y hacia 1901 retornó a sus tareas intelectuales, aun cuando con reiteradas suspensiones. En 1903 aceptó el cargo de editor asociado de *Archiv für Sozialwissenschaft und Sozialpolitik* y a través de esta posición renovó sus contactos con el medio académico.

Fue en esta oportunidad que se realizaron negociaciones para recobrarlo como profesor en Heidelberg, pero finalmente no estuvo en condiciones de hacerse cargo de tal responsabilidad. Esta incapacidad para el desempeño regular de las tareas universitarias contrasta otra vez con la aspiración por la acción que nunca llegó a abandonarle. En 1904 visita EE. UU. y a su regreso, la Universidad de Heidelberg y el Ministerio de Educación llegaron a un generoso arreglo con él lo que le permitió conservar su posición universitaria manteniendo una dedicación parcial. En este año publica *La ética protestante y el espíritu del capitalismo*. En 1907 el cobro de una herencia le permitió terminar con sus obligaciones universitarias y vivir como profesor privado. Los años siguientes fueron de intensa actividad; continúa sus estudios sobre sociología de las religiones, redacta la serie de trabajos que habrán de recopilarse en *Economía y Sociedad*, publica sus polémicos ensayos políticos. La primera guerra mundial interrumpe esta tarea y en ella participa durante un tiempo como director del Hospital Militar de Heidelberg. Al finalizar ésta integra como consultor la Comisión Alemana de Armisticio en Versalles y, caída la monarquía alemana, será miembro de la comisión redactora de la Constitución de Weimar. Fue entonces cuando decidió volver a la actividad docente y en el verano de 1918 enseña en la Universidad de Viena. Al año siguiente, acepta un ofrecimiento de la Universidad de Munich. En ella Max Weber muere el 14 de julio de 1920 a la edad de 56 años.

El momento histórico que le tocó vivir no fue para él un pretexto para la contemplación desinteresada. Nacido en un ambiente de clase media, el fracaso político de su clase en 1848, la declinación de los ideales del liberalismo con la unificación política de Alemania llevada a cabo por Bismarck y el consecuente fortalecimiento del poder del Estado, ahora crecientemente burocratizado, eran parte de un destino del que Weber se consideró moralmente responsable. Y eligió el compromiso con los valores del individuo. "¿Cómo es posible en presencia de la prepotencia de esta tendencia hacia la burocratización salvar algún *resto* de libertad, de movimiento "individual", en algún sentido?"[5]. Esta será la orientación predominante en sus actitudes hacia los problemas políticos y económicos de su tiempo. ¿Cuál será entonces su respuesta? He aquí otra vez el conocimiento y la acción reclamando su parte. En 1918 tuvo la oportunidad de ser designado candidato al Parlamento, pero rechazó hacer esfuerzos en su propio beneficio y finalmente no llegó a serlo. La ciencia y la política se le aparecen como dos vocaciones divergentes. Mientras que la ciencia responde al desafío de la historia "multiplicando los puntos de vista

5 Weber Max. "El parlamento como gobierno", reproducido fragmentariamente en *Economía y Sociedad*, edición a cargo de J. Medina Echeverría, FCE, México-Buenos Aires, 1944, pág. 1077.

por medio de conclusiones provisorias, abiertas, es decir, condicionales, la acción lo hace a través de decisiones absolutas, parciales, injustificables"[6]. Un político que no aceptara las reglas del juego no sería tal: mientras que el hombre de ciencia está consagrado a la verdad, para el político ésta algunas veces debe callarse. Un lector de Weber, Antonio Gramsci, reflejará esta contradicción al definir a la acción como "el resultado de la combinación entre el escepticismo de la inteligencia y el optimismo de la voluntad". Este balance, que quedará resumido en su caracterización del rol del político, Weber fue incapaz de traducirlo en su propia conducta. Esta disociación, vivida interiormente como desgarramiento, habrá de resolverla de un modo tradicional: un año después de su fracasada experiencia política su mujer le sugiere que alguna vez la nación habrá de reclamar por él, y Weber responde: "Sí, tengo la sensación de que la vida tiene aún algo reservado para mí"[7]. Esperando que las cosas se presentaran de un modo distinto permaneció confiado en que alguna vez habría de desempeñar el importante rol político al que se sentía llamado. Esta concesión a sí mismo, esta ilusión, contrasta notablemente con el realismo de sus consideraciones políticas.

El liberalismo de Weber es completamente nuevo: "no considera como absoluto el universo formal de la democracia, sino que admite que toda política es violencia y que también lo es, a su manera, la política democrática. Su liberalismo es militante, hasta sufriente, heroico, es decir, un libe-

6 Merleau-Ponty M., *Las aventuras de la dialéctica*. Ed. Leviatán, Buenos Aires, pág. 14.
7 Reinhard, B., op. cit., pág. 6.

ralismo que reconoce el derecho de sus adversarios, que no consiente en odiarlos, que no elude confrontarse con ellos y para vencerlos sólo cuenta con sus contradicciones y con la discusión que las revela"[8]. Esta caracterización sin embargo responde a algo más que a una mezcla de realismo y generosidad. Hay detrás una filosofía de la historia para la cual toda acción humana remite, en última instancia, a valores, los que como tales están más allá de toda prueba, de toda consideración racional. Los fines de la acción están fuera del alcance de la ciencia. Sólo cabe a los hombres realizarlos, conscientes de que "los ideales más elevados, aquellos que nos mueven con mayor fuerza, sólo se juegan para siempre en un combate con los otros ideales, que son tan sagrados para otros hombres como los nuestros lo son para nosotros"[9]. La política será precisamente el escenario de este combate puesto que puede ser vista como la empresa dirigida hacia la realización de los valores. Contrariamente al liberalismo tradicional, Weber entendió a la política como violencia, como ejercicio del poder. Como tal, esta es una acción privilegiada porque de ella se nutre el dinamismo de la evolución histórica. Para Weber, un rasgo que define las acciones humanas es el impulso del hombre a imponer su voluntad, aun contra la resistencia de los otros. Junto con Nietzsche depositó en la "voluntad de poder" la garantía última contra la petrificación de las sociedades. Esta "voluntad de poder" se encarna por excelencia en aquellos que hacen de la política su "vocación", un

8 Merleau-Ponty M., op. cit., pág. 32.
9 Weber Max, Gesammelte *Aufsätse zur Wissenchafteslehre*, pág. 154. reproducido en Merleau-Ponty, op. cit.

llamado, una tarea a la que se entregan como a una "causa", una "misión" que se justifica en sí misma: los líderes políticos. A ellos encomendaba Weber la suerte de las sociedades modernas amenazadas en sus valores individuales por la burocratización, en tanto que expresión del irreversible proceso de racionalización que creía advertir en la evolución histórica.

La burocracia se desarrolla paradójicamente con el respaldo de los movimientos democráticos. Las demandas por igualdad ante la ley y por garantías legales contra el privilegio y la arbitrariedad en las decisiones públicas contribuyen al establecimiento de un ejercicio impersonal de la autoridad gubernamental, fundado en el acatamiento a reglas jurídicas y al reclutamiento de funcionarios públicos abierto a todos los estratos sociales y basado exclusivamente en el requisito de la calificación técnica. Este objetivo, una vez alcanzado, se vuelve contra los valores igualitarios que lo inspiraron porque contribuye a la formación de una casta de funcionarios, cuyos privilegios, si bien no se asientan ya sobre raíces sociales, se nutren del monopolio de las habilidades técnicas. Esta burocracia se hará poderosa controlando las promociones, restringiendo su reclutamiento. Dominando el mecanismo de funcionamiento del aparato estatal, rodeando de misterio y sigilo su actuación, se vuelve temible porque inexorablemente tiende a usurpar la esfera de las decisiones políticas, "transformando los problemas políticos en problemas de administración"[10].

---

10 Mannheim, Karl, *Ideología y Utopía*, 105 ed. inglesa de Harcout, Brace & Co. N. York, citada por Bendix R. como expresión del pensamiento de Weber.

Esta tendencia de la burocracia a independizarse como poder extraño al cuerpo social contradice sus propios fundamentos. Porque el hecho es que estas organizaciones no tienen una dirección burocrática. Sus fines le son suministrados desde afuera: son sus direcciones las que se los proveen. El cuerpo administrativo no tiene más que cumplirlos. Presidentes, gabinetes, parlamentos, reyes son típicamente cabezas no burocráticas de las organizaciones burocráticas. Al mismo tiempo que proveen los fines que han de ser servidos, estas direcciones "ayudan a mantener el compromiso emocional (y en este sentido no racional) con la racionalidad"[11], que es la norma de las organizaciones burocráticas. La identificación con una persona, un jefe tiene la virtud de reforzar el compromiso abstracto con las reglas. En la medida en que las burocracias se sustraen a sus direcciones que, por su naturaleza, son claramente políticas, devienen una "máquina sin espíritu", se despojan de la legitimidad que en última instancia se nutre del compromiso que liga a las direcciones políticas con sus seguidores.

En la Alemania de Weber este fenómeno era tanto más notable debido a que Bismarck había obstaculizado el desarrollo de un régimen parlamentario genuino. Incapaz de tolerar el surgimiento de líderes con iniciativa y responsabilidad, había reducido al parlamento a la sola función de aprobar el presupuesto y la legislación que emanaba de la burocracia. El país "carecía totalmente de

11 Etzioni, Amitai, *Organizaciones modernas*, Uteha, México, pág. 98.

voluntad política… y estaba acostumbrado a aceptar con espíritu fatalista todo cuanto se decidiera en la cúspide, todo esto bajo el eslogan de 'gobierno monárquico'."

Esta preeminencia de la burocracia pone en cuestión la vitalidad política de la sociedad precisamente porque ella misma representa en su actuación una modificación de la acción política. "El verdadero funcionario, de acuerdo con su propia profesión, no ha de hacer política sino que ha de administrar y, ante todo, de modo imparcial; (…) El funcionario ha de ejercer su cargo *sine ira et studio*, sin cólera ni prejuicio. No ha de hacer precisamente aquello que el político, tanto el jefe como el séquito, han de hacer siempre y necesariamente: luchar. Porque el partidismo, la lucha y la pasión — *ira et studium*— constituyen el elemento del político. Y más que nadie del jefe político. (…) El honor del funcionario está en su capacidad para, cuando pese a sus reservas el superior persiste en una orden que a aquél le parece errónea, ejecutarla bajo la responsabilidad del mandante con la misma escrupulosidad que si correspondiera a su propia convicción. Sin esta disciplina, moral en el sentido más amplio, y sin esta abnegación, todo el aparato se vendría abajo. Y el honor del jefe político, o sea del estadista dirigente, está en cambio precisamente en asumir con carácter exclusivo la responsabilidad de todo lo que hace, responsabilidad que no puede ni debe declinar o descargar en otros""[12]. Los ideales divergentes que el funcionario y el político repre-

---

12 Weber, Max. "La política como profesión", reproducido fragmentariamente en *Economía y Sociedad*, FCE, pág. 1071.

sentan tienden a enfrentarlos como fuerzas antagónicas en una lucha en la que la burocracia lleva la delantera en virtud de que la creciente complejidad de las organizaciones la vuelve indispensable. Los conocimientos técnicos, cada vez más sofisticados y privados, aumentan su poder respecto de sus superiores, a menos que éstos puedan ejercer una supervisión efectiva. Este es el punto en que está interesado Weber. Es consciente de que todo éxito logrado en la lucha electoral, en el debate parlamentario o en las decisiones legislativas deja de ser tal a menos que esté acompañado de un efectivo control sobre su implementación administrativa. Este es precisamente el sentido de su pregunta: "¿Cómo puede darse alguna garantía, en presencia del carácter cada vez más imprescindible del funcionarismo estatal —y del poder creciente del mismo que de ello resulta— de que existen fuerzas capaces de contener dentro de *límites* razonables la enorme prepotencia de dicha capa, cuya importancia va aumentando día a día?"[13]. Su propuesta está dirigida hacia una revitalización del parlamento. Es consciente de que frente a la administración de la burocracia éste no puede ofrecer sino la administración por diletantes. Sin embargo, los parlamentarios deberán modificar este estado de cosas porque de otro modo desaparece el sentido mismo de la organización del Estado moderno dentro del cual el poder de las decisiones políticas emana de los órganos que expresan el consenso sobre el que éste se mantiene.

---

13 Weber, Max. "El parlamento como gobierno" en *Economía y Sociedad*, FCE, pág. 1077.

El parlamento no puede quedar reducido a un certamen de oratoria o la mera política de obstrucción. Porque por otra parte constituye la escuela en la que se forman los líderes políticos. Esta anotación es clave en el pensamiento de Weber. "No es una convicción específicamente democrática, basada en las leyes de la naturaleza humana, la que lo convirtió a comienzos de siglo en un pionero de la democracia parlamentaria, sino el reconocimiento de que ésta era la mejor forma de selección del liderazgo dentro de una sociedad industrial"[14]. Porque finalmente serán los líderes de los partidos representados en el parlamento los que, a través de una lucha por el poder, lograrán ser elevados a la dirección del gobierno para desde allí convertirse en baluartes de los valores del individuo frente a la burocratización de la sociedad.

Pero el hecho es que este proceso en su inexorabilidad también ha alcanzado a los partidos políticos. Tanto el costo de las actividades políticas como su compleja diversidad se han incrementado: las decisiones se adoptan en forma centralizada y los políticos profesionales se vuelven importantes. La máquina electoral sustituye a las organizaciones informales de notables. Cobra aquí relevancia la distinción sugerida por Weber entre los políticos que viven "de" la política y los políticos que viven "para" la política. El temor de que los políticos profesionales sin "vocación", es decir los oportunistas carentes de elevados ideales, lleguen a monopolizar el liderazgo constituyó la guía de sus consideraciones institucionales. En sus ensa-

14 Mommsen, Wolfgang, "Max Weber's Political Sociology", en *International Journal of Social Sciencies*, vol. XVII, N° 1. 1965, pág. 39.

yos a propósito de la Constitución de Weimar, propuso sustituir al Parlamento en la elección de las principales figuras del gobierno derivando esta responsabilidad a un régimen de votación popular directa. Si bien el Parlamento constituía la arena en la que los líderes ponen a prueba sus virtudes políticas y adquieren un conocimiento de la administración pública a través de su participación en las comisiones de trabajo, podía también ser el refugio del resentimiento de los temperamentos burocráticos de partido contra el caudillaje auténticamente político. Sustraer la elección del líder al Parlamento es, por otra parte, coincidir con la tendencia de la democracia. "La importancia de la democratización activa de las masas —dirá Weber— está en que el jefe político ya no es proclamado candidato en virtud del reconocimiento de sus méritos en el círculo de una capa de honorables, para convertirse luego en jefe por el hecho de destacarse en el Parlamento, sino que consigue la confianza y la fe de las mismas masas"[15]. Sus posibilidades no están disminuidas en la política moderna, no obstante la gran influencia de las organizaciones partidarias en el proceso electoral, debido a que la elección de los representantes depende del voto de los gobernados.

Institucionalmente, la elección se realizará bajo la forma de un plebiscito. Esto es lo que significa la elección directa dentro de un sistema de sufragio igualitario: la elección se convierte no en una votación sino en una confesión de fe y una confirmación del líder por "aclamación".

15 Weber Max, "El parlamento como gobierno", op. cit., pág. 1109.

21

En los hechos, esta situación no llega a estar en contradicción con la tendencia observada en los partidos a convertirse en máquinas, en el sentido norteamericano. Los partidos rígidamente organizados, si quieren mantenerse verdaderamente en el poder, han de subordinarse a los hombres de confianza de las masas: esto comporta, según Weber, "la deshumanización del séquito", "su proletarización espiritual", pero es el precio con que se paga la dirección de un caudillo. "Porque no hay más elección que ésta: democracia de jefe con 'máquina' o democracia sin jefes, esto es, el dominio de los 'políticos de profesión' sin 'vocación', sin las cualidades internas carismáticas que consagran precisamente al jefe"[16]. Se combinan así, en esta fórmula político-institucional, la capacidad del carisma para mandar con el progreso técnico que implica la burocracia racional. Reencontramos en ella, en una suerte de síntesis con la que acallará de algún modo sus temores por la suerte de los valores del individuo en la sociedad moderna, el gran tema weberiano. La historia es concebida como un permanente conflicto entre racionalización y carisma, entre la tendencia hacia la eliminación de toda acción individual orientada por valores supremos, a la obediencia y la conformidad, hacia el predominio del "hombre organización" y el carácter revolucionario del carisma encarnada en la figura de los grandes hombres, "profetas" y "líderes". Esta oposición, empero, no significa restar importancia revolucionaria al proceso de racionalización. Pero mientras éste opera a través de medios

16 Weber Max, "La política como profesión", en op. cit., pág. 1109.

técnicos, revolucionando las condiciones materiales de vida, haciendo en la burocracia su principal fuente de expresión, "el carisma puede ser una renovación desde adentro (de la sociedad) que nacido desde la indigencia o el entusiasmo, significa una variación de la conciencia y de la acción, con reorientación completa de todas las actitudes frente a las formas de vida anteriores o frente al mundo en general"[17].

Weber estaba convencido de que la humanidad no podía retroceder en su trayectoria hacia la racionalización de las condiciones de vida: de allí el pesimismo que subyace a sus consideraciones sobre el futuro, en el que entreve los signos de una "nueva esclavitud", los rasgos de una sociedad petrificada en la que los conceptos de libertad y responsabilidad personal del individuo habrán de carecer de sentido. Confiará entonces en el estallido periódico de la historia, en el surgimiento de las grandes figuras carismáticas que en lugar de perpetuar o perfeccionar el orden existente, fijan a los hombres nuevos objetivos. Es en ellas en las que alcanza su expresión más genuina la idea de vocación. "La devoción al carisma del profeta, del caudillo en la guerra o del gran demagogo en el parlamento, significa que éstos se sienten 'llamados' interiormente a desempeñar el rol de conductores de hombres y que se los obedece no en virtud de una costumbre o de una ley, sino porque se tiene fe en ellos"[18]. El líder carismático es responsable sólo ante sí mismo y ante su propia causa.

17 Weber, Max, *Economía y Sociedad*, op. cit., Cap. III, Tipos de Dominación. Pág. 196.
18 Weber Max, "La política como profesión", op. cit., pág. 1109.

Tal como afirma W. Mommsen, existe en esta concepción un notable parentesco con Nietzsche. También para éste los grandes hombres representan el papel de elementos creadores; su individualismo aristocrático influyó en Weber. "Pero Weber se opone marcadamente a Nietzsche cuando éste afirma que los grandes hombres deben dominar a las masas; pero no por su propio bien, sino exclusivamente en virtud de su amor al poder, el cual es fundamento indispensable de su vitalidad aristocrática. Su liberalismo y su sentido de la responsabilidad hacia las masas lo llevó a oponerse a esta variante autoritaria del pensamiento individualista. El individuo se vuelve grande no contra, sino con las masas"[19]. En otras palabras todo poder aspira a su ratificación en el consenso de las masas. El liderazgo de las grandes figuras carismáticas busca tornarse legítimo invocando los valores supremos de los que son portadoras.

Cuánto de anticipación sobre el futuro de las sociedades modernas y particularmente de Alemania, hay en estas consideraciones de Max Weber es un debate que en ocasión del centenario de su nacimiento se llevó a cabo en el Congreso de la Asociación Sociológica Alemana. Mientras que poco antes el Presidente de Alemania Teodoro Heuss, compañero de Weber en la labor académica, ensalzaba su contribución a los valores democráticos, jóvenes sociólogos alemanes lo rescataron del panteón de los próceres discutiendo apasionadamente las consecuencias políticas de su obra. La contemporaneidad de su mensaje hizo trizas la mesura académica que intentaron impo-

19 Mommsen, W., op. cit., pág. 36.

ner los sociólogos norteamericanos allí presentes[20].

Esta circunstancia nos revela al mismo tiempo el amplio alcance de su obra. En ella se han de inspirar las líneas más variadas del pensamiento sociológico moderno: C. Wright Mills pondrá énfasis en el fenómeno del poder, esclarecido como elemento constitutivo de toda sociedad histórica; Talcott Parsons rescatará la importancia adjudicada al papel de los valores como fundamentos de la acción humana y la aspiración a su legitimación por parte de toda estructura de poder. Su obra se nos ofrece así constantemente abierta a nuestras interrogaciones: se convierte en parte de nuestro presente.

Juan Carlos Torre

---

20 Roth Guenther, "Political Critiques of Max Weber", en *American Sociological Review*. Vol. 30, N° 2, 1965, abril, pág. 222.

LA CIENCIA COMO PROFESIÓN

1919
Wissenschaft als Beruf

Ustedes me han pedido que les hable de "la ciencia como profesión"*. Ahora bien, existe una cierta pedantería por parte de nosotros, los economistas, a la que quisiera permanecer fiel: siempre partimos de las condiciones exteriores; en este caso, por lo tanto, de la pregunta ¿cómo se presenta la ciencia como profesión en el sentido material de la palabra? En la actualidad esto significa prácticamente analizar cómo se presenta dentro de la vida académica la situación de un estudiante egresado

---

* No existe en castellano un término equivalente a *Beruf*, que posee en alemán el doble significado de "vocación" y "profesión". A lo largo de la presente traducción hemos adoptado una u otra acepción según conviniese a lo que la palabra buscaba expresar en nuestra lengua. Max Weber en *La ética protestante y el espíritu del capitalismo* señala la reminiscencia religiosa del término, cuyo contenido es la idea de una misión impuesta por Dios. Este matiz religioso no se advierte en ninguna expresión similar de los pueblos católicos, como así tampoco en la antigüedad clásica, pero sí en los pueblos protestantes. La palabra *Beruf* nace precisamente de las traducciones luteranas de la Biblia y no se ajusta tanto al espíritu del texto original como al de su traductor. Asimismo Max Weber destaca que no es nuevo solamente el sentido literal del término sino que es nueva también la idea que representa: considerar que el contenido más noble de la propia conducta moral es precisamente imponerse como un deber el cumplimiento de la tarea profesional en el mundo. Aceptado así el trabajo en un sentido sagrado, surge como consecuencia el concepto ético-religioso de profesión. El dogma común a todas las iglesias protestantes considera como único modo de vida grato a Dios el cumplimiento de aquellos deberes que impone a cada uno su propia posición vital y que constituyen en última instancia su "profesión" [N. d. T.].

que ha decidido hacer de la ciencia su profesión. Para comprender lo particular de la situación alemana sobre este punto es conveniente proceder por comparación y tener presente lo que ocurre en el extranjero, allí donde a este respecto existe la mas neta oposición a nuestro sistema: en los Estados Unidos.

Entre nosotros —todos lo sabemos— la carrera de un joven que se consagra a la ciencia comienza normalmente como *Privatdozent*. Luego de haber consultado al profesor titular de la materia y de haber obtenido su consentimiento, queda habilitado en base a la presentación de un libro y de un examen la mayoría de las veces formal ante la facultad de una universidad, para dictar clases cuyo tema él mismo elige dentro de su *venia legendi*. Pero no recibe por esto más honorarios que la contribución de los estudiantes [*Kolleggeld*]. En América normalmente la carrera comienza en forma distinta, es decir con el puesto de *assistant*. Casi semejante es lo que ocurre entre nosotros en los grandes institutos de las facultades de medicina y ciencias naturales, donde la habilitación formal como *Privatdozent* es una aspiración de sólo una fracción de los asistentes y a menudo tardía. Esta diferencia significa prácticamente que, entre nosotros, la carrera de un hombre de ciencia está fundada totalmente sobre supuestos plutocráticos. En efecto, es extraordinariamente arriesgado para un joven estudioso sin fortuna personal exponerse a las exigencias de la carrera universitaria. Tendrá que estar en condiciones de mantenerse a sí mismo por lo menos una cierta cantidad de años sin saber de ningún modo si podrá tener más tarde la oportunidad de ocupar un puesto que alcance a subvenir a sus necesidades. En los Estados Unidos, en cambio, rige el sistema burocrático. Desde sus comienzos el joven percibe un sueldo aunque por supuesto, modesto. La mayoría de las veces el sueldo corresponde apenas a la remuneración de un obrero no calificado. Sin embargo, empieza ocupando una situación aparentemente estable ya que recibe una retribución fija. La única regla es que, como nuestros asistentes, pueden ser despedidos, y muy a menudo han de esperar que esto ocurra sin contar con ninguna clase de consideraciones, en cuanto no respondan a las esperanzas puestas en ellos. Estas esperanzas significan simplemente que llenen las aulas. Esto no podría ocurrirle a un *Privatdozent* alemán. Una vez en su lugar no se lo puede desplazar. Lo cierto es que no tiene "pretensiones" de ninguna especie. Pero tiene, sin embargo, el convencimiento, muy comprensible por otra parte, de que posee una especie de derecho moral a ciertas consideraciones dado que durante años ha ocupado un puesto. Esto es a menudo importante también en lo que respecta a la eventual habilitación de otros *Privatdozenten*. La cuestión de si, en principio, se habilita a todo científico legítimamente capacitado, o si se toman en consideración "las necesidades de enseñanza" dando a los *Dozenten* ya existentes el monopolio de la enseñanza, es un penoso dilema que está ligado al doble aspecto ya mencionado de la profesión [*Beruf*] académica. En la mayoría de los casos se opta por la segunda solución. Pero esto significa acrecentar el peligro de que el profesor titular de la materia correspondiente, aún haciendo gala de la mayor probidad, prefiera a sus propios alumnos: personalmente, dicho sea de paso, yo adopté el principio de que un investigador promovido por mí debe hacerse habilitar y legitimar por otro profesor y en otra universidad. Pero el resultado fue que a uno de mis alumnos más aventajados se lo rechazó en otra universidad porque no se le creyó que fuera éste el verdadero motivo.

Una diferencia mayor con respecto a América es que entre nosotros el *Privatdozent* tiene generalmente menos clases que dar de las que desea. Por cierto que tiene derecho de llevar todos los cursos de su materia, pero esto es considerado como una falta de delicadeza inaudita frente a los *Dozenten* más antiguos y por regla general los cursos "importantes" son dictados por el profesor y el *Dozent* se conforma con cursos accesorios. La única ventaja consiste en que tiene, aun cuando involuntariamente, sus años de juventud libres para dedicarlos al trabajo científico.

En América la organización es fundamentalmente distinta. En su juventud es cuando el *Dozent* está sobrecargado de trabajo, precisamente porque éste es remunerado. En el Departamento de estudios germánicos, por ejemplo, el profesor ordinario dicta un curso de alrededor de tres horas semanales sobre Goethe y nada más, mientras que el joven asistente es feliz cuando en las doce horas semanales, junto a sus trabajos prácticos de alemán, obtiene por ejemplo que le sea asignado algo sobre un poeta de categoría mayor que Uhland.

En efecto, el plan de enseñanza establece las instancias oficiales de la materia y por lo tanto el asistente debe someterse a ellas lo mismo que entre nosotros el asistente de un instituto.

Ahora bien, podemos observar claramente que el desarrollo actual de nuestro sistema universitario en el campo de las ciencias se orienta en la misma dirección que el sistema americano. Los grandes institutos de medicina o de ciencias naturales son empresas "capitalistas". No pueden ser administradas sin recursos considerables. Y se producen las mismas circunstancias que en todo lugar donde se implanta una empresa capitalista: la "separación del trabajador de los medios de producción". El trabajador, el asistente en este caso, depende de los medios de trabajo que el Estado pone a su disposición; depende en consecuencia del director del instituto lo mismo que el obrero de una fábrica depende de su patrón —pues el director de un instituto supone, completamente de buena fe, que ese es "su" instituto y lo dirige en consecuencia— y la posición del asistente es a menudo tan precaria como toda existencia "proletaroide" y como la del asistente de la universidad americana.

Nuestra vida universitaria se americaniza, como nuestra vida en general en sus aspectos más importantes. Estoy convencido de que esta evolución alcanzará también las disciplinas en las que, como ocurre todavía en gran proporción dentro de mi materia, el obrero es el único dueño de sus medios de trabajo (esencialmente: la biblioteca), en forma análoga al artesano de épocas pasadas en el ámbito de su oficio. La evolución avanza a grandes pasos.

Como en toda empresa capitalista y a la vez burocrática, las ventajas técnicas son absolutamente indiscutibles, pero el "espíritu" que impera en ellas es muy distinto a la antigua e histórica atmósfera de las universidades alemanas. Existe un profundo abismo exterior e interior entre el jefe de esta especie de gran empresa universitaria capitalista y el habitual profesor ordinario del antiguo estilo, incluso en el comportamiento íntimo. Pero no quisiera entrar aquí en detalles. Tanto interior como exteriormente la antigua organización universitaria se ha convertido en algo ficticio. Pero un aspecto particular de la carrera universitaria sigue siendo el mismo y aun sensiblemente peor. Sólo por azar un *Privatdozent* o, sobre todo, un asistente puede llegar a ocupar alguna vez el puesto de titular o de director de Instituto. No sólo existe la arbitrariedad, sino que reina de manera casi absoluta; no conozco carrera sobre la tierra en la que ella juegue un papel más destacado. Puedo hablar sobre esto muy bien porque en lo que a mí respecta le debo absolutamente a la casualidad el hecho de haber sido llamado muy joven a ocupar la cátedra de profesor titular en una materia en la cual, indudablemente, la gente que tenía entonces mi edad había producido más que yo mismo. Y en base a esta experiencia creo poseer una certera visión sobre el destino inmerecido de muchos a quienes la casualidad no ha favorecido y no favorece aún, y que a pesar de toda su capacidad no han conseguido ocupar, dentro de este aparato de selección, la posición que merecerían.

El hecho de que el azar y no la capacidad como tal juegue un papel tan importante, no se debe sola y exclusivamente a las debilidades humanas que, como es natural, intervienen en esta selección como en toda otra. Sería injusto en este caso responsabilizar a la falta de capacidad del personal de Facultades o Ministerios de una situación que posibilita a muchos mediocres tener un papel destacado en las universidades. Esto reside más bien en las leyes de la cooperación humana, especialmente de la cooperación entre varios organismos: entre la facultad que propone los candidatos y el ministerio. Veamos un equivalente: podemos observar a través de los siglos el proceso de la elección del Papa como ejemplo manifiesto más importante de este tipo de elección. Sólo raramente tiene oportunidad de salir electo el Cardenal que se indica como el "favorito". Se elige por regla general al candidato número dos o tres. Lo mismo ocurre para la elección de presidente en los Estados Unidos: sólo por excepción aparece en las "nóminas" de la convención paritaria y luego en la elección, el primero y el más mencionado; se elige más bien al número dos o al tres. Dos americanos ya han creado para estas categorías expresiones técnico-sociológicas, y sería muy interesante estudiar en estos ejemplos las leyes de una elección operada por un acto de voluntad colectiva. Pero esto no nos concierne ahora. Estas leyes tienen validez también para las asambleas universitarias, y no debe uno asombrarse de que a menudo se cometan equivocaciones, ya que, a pesar de todo, es siempre muy elevado proporcionalmente el número de nombramientos justificados. Sólo en algunos países donde el Parlamento o, como entre nosotros hasta ahora, los monarcas (ambos con el mismo resultado) o actualmente los gobernantes revolucionarios, intervienen por cuestiones políticas, puede tenerse la seguridad de que las mediocridades y los arribistas tienen todas las oportunidades para sí[1].

Ningún profesor universitario gusta recordar las discusiones a que dio lugar su nombramiento puesto que rara vez son agradables. Sin embargo puedo decir que he conocido numerosos casos en los que existió, sin excepción, la buena voluntad de dejar decidir sólo a los fundamentos objetivos.

Es necesario pues comprender claramente que el hecho de que la determinación del destino académico sea en gran parte debida al azar, no depende sólo de la eficiencia de la elección realizada por medio de la voluntad colectiva. Todo joven que se siente llamado por la ciencia debe tener en cuenta antes que nada que la tarea que le espera tiene una doble faz. Debe calificarse no sólo como investigador sino también como profesor. Y ambos aspectos no coinciden en absoluto. Se puede ser investigador eminente y al mismo tiempo un profesor terriblemente malo. Pienso en la aptitud profesoral de hombres como Helmholtz o como Ranke. Y no se trata de raras excepciones. Pero las cosas se presentan de manera tal que en nuestras universidades, particularmente las pequeñas, se hacen entre ellas la competencia más ridícula para atraer al alumnado. Los locatarios de habitaciones de las ciudades que poseen universidad ofrecen al

1 Alusión a un caso histórico que bajo el término de la *voraussetzungslose Wissenschaft* había provocado un gran malestar en la Universidad alemana. El emperador Guillermo II había impuesto a la universidad de Estrasburgo, contra la opinión de la Facultad respectiva, la candidatura del historiador Spahn, hijo del líder del *Centrum*.

milésimo estudiante una fiesta en su honor y festejan especialmente al número dos mil con una procesión de antorchas. Las entradas que constituyen la contribución de los alumnos —es necesario confesarlo— están condicionadas por el "atractivo" de quien ocupa las cátedras de las materias afines. Haciendo abstracción de esta circunstancia la cantidad de alumnos es por cierto un criterio numérico tangible, en tanto que la calidad del científico entra en el dominio de lo imponderable. De allí que sea a menudo cuestionada —lo que es muy natural— en los principiantes audaces. Es por esa razón que todo está casi siempre subordinado a la observación de las aulas llenas y a los beneficios que aportan las grandes cantidades de alumnos. Cuando se dice de un *Dozent* que es un mal profesor, en la mayoría de los casos es una sentencia de muerte universitaria aun cuando se trate del sabio más grande del mundo. Pero la cuestión de si se es buen o mal profesor queda resuelta por la frecuentación con la que los señores estudiantes lo honren. Ahora bien, es un hecho comprobable que las circunstancias por las cuales los estudiantes afluyen a un profesor están determinadas en gran medida, y en proporción casi imposible de creer, por puras exterioridades (temperamento, o aun inflexión de la voz). Por mi experiencia personal ya bastante rica y por una serena reflexión, desconfío profundamente de los cursos numerosos por más que, ciertamente, sean inevitables. La democracia que actúe donde convenga, pero la educación científica como debe ser llevada a cabo según la tradición de las universidades alemanas, es una cuestión de aristocracia espiritual; esto no debemos tratar de disimularlo. Ahora bien, es igualmente cierto, por otra parte, que la exposición de los problemas científicos de manera tal que una mente no preparada pero bien dotada pueda entenderlos y —lo que sería para nosotros lo más decisivo— pueda llegar a formarse conceptos propios, es quizás la más difícil de las tareas pedagógicas. Esto es verdad, pero en la solución de dicho aspecto —si se soluciona— no incide el número de alumnos. Y para entrar de nuevo en nuestro tema, este arte es un don personal y no depende en absoluto de las cualidades científicas del investigador. Contrariamente a lo que ocurre en Francia no tenemos ninguna corporación de "inmortales" de la ciencia, sino que de acuerdo a nuestra tradición las universidades deben acreditar ambas exigencias: la investigación y la enseñanza. Si estas dos aptitudes se encuentran en un solo hombre es absolutamente por casualidad.

La vida académica es por lo tanto un desenfrenado azar. Cuando los jóvenes investigadores solicitan acuerdo respecto a su habilitación es casi imposible asumir la responsabilidad de acceder a la aprobación. Si se trata de un judío debe decírsele naturalmente: *lasciate ogni speranza*[2]. Pero también a todos los otros se les debe, en conciencia, preguntar si creen que podrán soportar sin amargarse ni desmoralizarse que año tras año, mediocre tras mediocre, los superen. Evidentemente se obtiene siempre la misma respuesta: "¡Seguro! yo sólo vivo para mi 'vocación'." Sin embargo, he sabido de

2 Alusión a la suerte de uno de los mejores alumnos de Max Weber, el sociólogo Robert Michels, autor de la importante obra de sociología política: *Zur Soziologie des Parteiwesens in der modernen Demokratie* (2ª edición, Leipzig, 1925).

muy pocos que hayan soportado la situación sin violentarse en su fuero íntimo.

Todo esto me parece que es necesario decir sobre las condiciones externas de la profesión científica.

Pero pienso que ustedes quieren oír hablar en realidad de otra cosa: de la vocación [*Beruf*] íntima por la ciencia. En la actualidad, la posición íntima con respecto al ejercicio de la ciencia como profesión depende en principio del hecho de que la ciencia ha entrado a un *stadium* de especialización desconocido anteriormente y en el cual ha de permanecer en el futuro. No sólo en lo exterior, sino justamente en lo íntimo, es donde se plantea la cuestión de que únicamente en el caso de procurarse una estricta especialización puede el individuo tener la certeza de realizar algo verdaderamente acabado en el terreno de la ciencia. Todo trabajo que invada terrenos vecinos —como nosotros hacemos de tiempo en tiempo, o como por ejemplo los sociólogos deben hacerlo necesariamente siempre— está cargado de la resignada conciencia de que, eventualmente, suministramos al especialista planteos útiles a los cuales ellos no habrían llegado partiendo desde el punto de vista de su materia, pero que no obstante la propia tarea queda inevitablemente incompleta. Sólo por medio de una estricta especialización puede el trabajador científico experimentar efectivamente una vez, y quizás nunca más en su vida, la plena sensación de que ha logrado algo que *durará*. Un logro definitivo e importante es siempre en nuestros días un logro de especialista. Y quien no posea la facultad de, por así decirlo, colocarse las anteojeras y afirmarse en la idea de que el destino de su alma depende de la exactitud de esta conjetura, justamente de ésta, en este lugar, de este manuscrito, debe alejarse de la ciencia. Jamás sentirá dentro de sí lo que puede ser llamado la "experiencia" de la ciencia. Si consigues hacerte esta conjetura sin esa extraña embriaguez de la que se burlan todos los que permanecen ajenos a la ciencia, sin esta pasión, sin estos "millares de años debieron pasar antes que tú entraras en la vida y otros millares esperan en silencio"[3]. Es porque *no* tienes una idea sobre lo que es la vocación por la ciencia, y entonces, haz otra cosa. Pues nada es valioso para el hombre como tal si no puede hacerlo con pasión.

Pero el hecho es que aun con mucha de esta pasión, por sincera y profunda que pretenda ser, no podrá de manera alguna forzarse el resultado. La pasión es indudablemente una condición previa de aquello que es decisivo, es decir, la "inspiración". Actualmente, en los círculos de la gente joven está ampliamente extendida la idea de que la ciencia ha llegado a ser una operación de cálculo, que ésta se fabricaría en los laboratorios o en las oficinas de estadísticas con la sola ayuda del frío entendimiento "como en una fábrica y no con toda el alma". Ante todo, hay que hacer notar que la mayoría no tiene una idea clara de lo que ocurre ni en una fábrica ni en un laboratorio. Aquí como allí debe surgir en el ser humano una "idea" —y por cierto la precisa— para que éste produzca algo valioso. Pero la aparición de esta idea no puede

3 La cita pertenece a Carlyle. Max Weber la reproduce integralmente en los *Gesammelte Aufsatze zur Religionssoziologie*, t. I, p. 526: "Millares de años debieron pasar antes que tú entraras en la vida y otros millares esperan para saber lo que harás de tu vida".

forzarse. No tiene nada que ver con ninguna clase de frío cálculo. Ciertamente, es también una condición indispensable. Ningún sociólogo, por ejemplo, está exento de hacer aun en sus días de vejez y quizás durante meses miles de operaciones mentales totalmente triviales. No se trata de recurrir impunemente a medios mecánicos cuando se quiere llegar a algún resultado, aun cuando la conclusión sea a menudo mínima. Pero, sin embargo, si no surge una idea determinada sobre la dirección de los cálculos y, durante los cálculos, sobre el alcance de los resultados parciales, tampoco puede establecerse entonces este mínimo. Sólo sobre la base de una ardua tarea se produce normalmente la "aparición de la idea". Y por cierto no siempre. La "idea" de un diletante puede tener científicamente el mismo o mayor alcance que la del especialista. Muchas de nuestras mejores hipótesis y conocimientos se los debemos justamente a los diletantes. El diletante se diferencia del especialista —como Helmholtz lo ha dicho de Robert Mayer— sólo en que le falta seguridad sobre el método de trabajo y en que, por lo tanto, la mayoría de las veces no está en condiciones de controlar y valorar o verificar el alcance de la "idea". Ésta no reemplaza al trabajo. Y el trabajo, por su parte, puede reemplazarla o forzarla tanto menos aun que la pasión. Pero ambos, y sobre todos juntos, la provocan. Esto no ocurre, sin embargo, cuando lo queremos nosotros sino cuando lo quiere ella. Es un hecho cierto que nuestras mejores ideas nos llegan, como lo expresa Ihering, con un cigarro sobre el sofá o, como Helmholtz lo ha dicho de sí mismo con precisión científica, paseándose por una calle que asciende lentamente, o en circunstancias análogas; pero en todo caso nunca surgen cuando se las espera y jamás mientras nos rompemos la cabeza en nuestra mesa de trabajo. Lo cierto es, sin embargo, que no le surgirían a uno si no se hubiera roto la cabeza en la mesa de trabajo y si detrás suyo no estuviera planteada la apasionante pregunta. Pero sea como fuere, el investigador debe tener en cuenta ese azar que subyace en todo trabajo científico: la "inspiración" ¿aparece o no? Uno puede ser un trabajador distinguido y sin embargo no haber tenido nunca una idea propia valiosa. Es un grave error creer que esto sólo ocurre en las ciencias y que detrás de un mostrador, por ejemplo, las cosas son distintas que en un laboratorio. Un comerciante o un gran industrial sin "fantasía comercial", es decir sin "ideas", sin "ideas geniales", será toda su vida un hombre a quien más le hubiere valido seguir siendo un vendedor o un empleado técnico: nunca creará nuevas formas de organización. La inspiración no juega en absoluto en el campo de la ciencia —como lo creen los pedantes— un papel más importante que en aquellos problemas de la vida práctica cuya solución busca el empresario moderno. Y, por otra parte, no juega el mínimo papel en el terreno del arte, cosa que se olvida con frecuencia. Es una idea pueril suponer que un matemático llegue a obtener algún resultado científicamente valioso por el sólo hecho de sentarse ante una mesa de trabajo con una regla o con otros elementos mecánicos, o con una máquina de calcular. La fantasía matemática de un Weierstrass está evidentemente orientada, en el sentido y el resultado, en una dirección distinta a la del artista y es fundamentalmente diferente a ella desde el punto de vista cualitativo. Pero no desde el punto de vista del proceso psicológico. Ambas no son otra cosa que ebriedad (en el sentido de *manía* de Platón) e "inspiración".

Ahora bien, el hecho de que alguien tenga inspiración científica depende de un destino para nosotros oculto, pero además, de un "don". Esta verdad indiscutible sirve de pretexto en una cierta mentalidad popular (expandida especialmente entre los jóvenes, lo que es comprensible) para ponerse al servicio de algunos ídolos cuyo culto ocupa ostentosamente un lugar en cada esquina y en todos los periódicos. Estos ídolos son la "personalidad" y la "experiencia". Ambas están estrechamente ligadas: impera la idea de que la última conforma la personalidad y pertenece a ella. Uno se esfuerza por conseguir "experiencia" —pues es la actitud que conviene a una personalidad— y si ello no se consigue debe hacerse como si se poseyera esta gracia. En alemán se llamaba anteriormente a la "experiencia" [*Erlebnis*] "sensación" [*Sensation*]. Y en cuanto a qué era "personalidad" y qué significaba, creo que se tenía una idea más exacta que en la actualidad.

Señoras y señores: en el terreno de la ciencia posee "personalidad" sólo aquél que se pone *completamente al servicio de su causa*. Y no ocurre así sólo en el terreno científico. No conozco ningún gran artista que haya hecho otra cosa que servir a su causa y sólo a ella. Aún una personalidad de la talla de Goethe no ha podido impunemente —en lo que concierne a su arte— tomarse la libertad de querer hacer de su vida una obra de arte. Pero si no se quiere admitir esto —sea como fuere hay que ser un Goethe para poder permitirse ciertas cosas— se aceptará por lo menos que ni siquiera una personalidad que aparece sólo una vez cada mil años, ha quedado impune. No ocurre de otro modo en política. Pero no trataremos esto hoy. Sin embargo, en el campo de la ciencia no es una personalidad aquel que, como empresario de la causa a la cual debiera dedicarse, aparece sobre la escena queriendo justificarse por medio de sus experiencias y pregunta: ¿cómo pruebo que soy algo más que un simple especialista? ¿Cómo hago para decir algo que en el fondo y en la forma nadie haya dicho? Se trata de un fenómeno que actualmente toma proporciones inmensas aunque en todas partes se ofrezca muy pobres resultados y que disminuye a quien se plantea las preguntas. Por el contrario, el que pone todo su corazón en la obra, y nada más que en ella, se eleva a la altura y la dignidad de la causa que quiere servir. El problema se plantea exactamente de la misma manera para el artista. A estas condiciones de nuestra labor, que son comunes al arte, se opone un destino que la diferencia profundamente de la labor artística. El trabajo científico está sujeto a los términos del *progreso*. En el terreno del arte, en cambio, no hay en este sentido ningún progreso. No es cierto que una obra de arte de una determinada época, que hubiese profundizado por ejemplo en nuevos recursos técnicos o leyes de perspectiva, sea por estas razones artísticamente superior a otra obra de arte desprovista del conocimiento de estos recursos y leyes, siempre y cuando estuviese formal y materialmente condicionada, es decir, que su objeto hubiera sido elegido y plasmado *condicionándolo* a lo artístico, sin la utilización de otras condiciones y recursos. Una obra de arte verdaderamente "lograda" no envejecerá nunca ni será superada. Cada individuo podrá atribuirle personalmente un valor distinto, pero nadie podrá decir de una obra verdaderamente "lograda" desde el punto de vista artístico que haya sido superada por otra igualmente "lograda". Todos nosotros sabemos en cambio, que en el campo de la ciencia lo que se ha conseguido envejecerá en 10, 20 o 50 años. Este es el destino, o mejor dicho, este es el *significado* del trabajo científico, el cual, en un sentido muy específico, está sometido y subordinado respecto a todo otro elemento cultural del que se pueda decir lo mismo. Todo "logro" científico significa nuevos problemas y *quiere* ser superado y envejecer. Quien pretenda dedicarse a la ciencia debe resignarse a ello. Los trabajos científicos pueden por cierto seguir siendo importantes durante mucho tiempo ya sea "como medios de goce", a causa de su calidad artística, o como medios de enseñanza para el trabajo. Sin embargo, llegar a ser superado es —vuelvo a repetirlo— no sólo nuestro destino sino también nuestra finalidad. No podemos trabajar sin la esperanza de que otros lleguen más lejos que nosotros mismos. En principio, este progreso tiende al infinito. Y con ello entramos al problema del *significado* de la ciencia. En efecto, no surge por cierto claro de sí mismo cómo algo que obedece a una ley de tal naturaleza pueda tener sentido y razón en sí. ¿Por qué se ejerce algo que en realidad no tiene un fin ni puede tenerlo? En el sentido más amplio de la palabra, ante todo, por fines técnicos, puramente prácticos, para poder orientar nuestra actividad práctica en el sentido de las previsiones que nos ofrece la experiencia científica. Bien. Pero esto tiene sentido solamente para el hombre práctico. Pero ¿cuál es la íntima situación del hombre de ciencia ante su profesión [*Beruf*] en el caso de que pretenda tener una en general? Éste responde: ejercer la ciencia "por la ciencia misma", y no sólo para que otros puedan obtener resultados comerciales o técnicos, se puedan nutrir, vestir, iluminar y gobernar mejor. ¿Qué obra significativa espera realizar gracias a estos descubrimientos destinados invariablemente a envejecer, dejándose encadenar a esta empresa dividida en especializaciones que se desliza hacia lo infinito? Esto exige algunas consideraciones de orden general.

El progreso científico es una parte, y por cierto la más importante, del proceso de intelectualización al que estamos sometidos desde hace milenios y frente al cual es frecuente, en nuestros tiempos, colocarse en una posición de tipo extraordinariamente negativo.

Aclararemos primeramente lo que significa en la práctica esta racionalización intelectual por medio de la ciencia y de la técnica científicamente orientada. ¿Sería algo así como si nosotros, cada uno de los que estamos aquí sentados, tuviésemos en la actualidad un mayor conocimiento de nuestras condiciones de vida de las que tiene un indio o un hotentote de las suyas? Difícilmente. Cualquiera de nosotros que viajase en tranvía no tendría —si no es un especialista en física—

44

noción alguna de cómo hace éste para ponerse en movimiento. Tampoco tendría necesidad de saberlo. Le sería suficiente poder "contar" con el comportamiento del coche y orientar su comportamiento en el mismo sentido; pero nada sabría de cómo se construye un tranvía con capacidad para ponerse en movimiento. El salvaje tiene un conocimiento de sus útiles de trabajo incomparablemente mayor. Si en este momento gastáramos una suma de dinero, no obstante haber en la sala colegas economistas, apuesto a que cada uno de ellos daría una respuesta distinta a la pregunta: ¿cómo es que con el dinero se puede comprar tanto lo poco como lo mucho? El salvaje sabe cómo hacer para obtener su alimento diario y cuáles son las instituciones que le servirán para ese fin. La intelectualización y la racionalización crecientes no significan en consecuencia un creciente conocimiento general de las condiciones bajo las cuales se vive. Significa en cambio algo distinto: el saber o el creer que si se *quiere* se *puede*, que no hay en principio ninguna fuerza misteriosa e imprevisible que interfiera, que antes bien todas las cosas pueden ser *dominadas* por el *cálculo*. Pero esto significa el desencantamiento del mundo. Nunca más se podrá ya echar mano a los recursos mágicos, como el salvaje para quien tales poderes existen, para dominar o implorar a los espíritus, sino que habrá que recurrir a cálculos y recursos técnicos. Tal es la significación esencial de la intelectualización.

¿Pero este proceso de desencantamiento, proseguido durante milenios en la cultura occidental y, en general, este "progreso" en el cual participa la ciencia como miembro y fuerza motora, tiene

45

ahora algún sentido que supere lo puramente práctico y técnico? Esta pregunta la encuentran ustedes formulada fundamentalmente en las obras de León Tolstói. Tolstói llega a ella por una vía que le es muy propia. Todas sus preocupaciones giran progresivamente en torno a la pregunta de si la muerte es un fenómeno que tiene o no sentido. Y su respuesta es: para el hombre civilizado no lo tiene. Y por cierto que no, pues la vida civilizada del individuo, inmersa en el "progreso", en lo infinito, según su propio significado inmanente, no debería tener fin. En efecto, existe siempre un progreso interior para quien está dentro de él; nadie que muere alcanza las alturas que se encuentran en el infinito. Abraham, al igual que cualquier campesino de la antigüedad, murió "viejo y colmado por la vida" porque estaba instalado en el círculo orgánico de la vida, ya que ésta le había aportado al declinar sus días lo que podía ofrecerle según su sentido, y no le quedaba ningún enigma que quisiera resolver y por lo tanto, había tenido "bastante". Pero un hombre civilizado, instalado en el ininterrumpido enriquecimiento de la civilización con ideas, conocimientos, problemas, puede llegar a estar "cansado de la vida" pero no "colmado" por ella. En efecto, de lo que la vida del espíritu produce de nuevo puede tomar sólo una mínima parte, y siempre algo pasajero y no definitivo; por esta razón, la muerte es para él un acontecimiento sin sentido. Y puesto que la muerte no tiene sentido, tampoco lo tiene la vida civilizada como tal, la que justamente con su progresividad absurda imprime a la muerte esta falta de sentido. En todas sus novelas últimas se encuentra esta idea que da el tono fundamental al arte de Tolstói.

¿Cómo se ubica uno entonces? El "progreso" como tal ¿tiene un sentido reconocible que sobrepase la técnica de manera que una profesión [*Beruf*] puesta a su servicio tenga a su vez sentido? Es necesario plantear este problema. Pero no se trata ahora solamente del problema de la vocación [*Beruf*] *para* la ciencia sino del problema del significado de la ciencia como vocación para quien se consagra a ella. Y también ¿cuál es la vocación por la ciencia dentro de todo el ámbito de la vida humana y cuál es su valor?

La oposición entre pasado y presente es aquí profunda. Recuerden la maravillosa imagen al principio del séptimo libro de *La República* de Platón: aquellos prisioneros encadenados en una caverna cuyos rostros se dirigen hacia la pared de piedra delante de ellos; detrás, una fuente de luz que no pueden ver; sólo se preocupan entonces de las sombras que ésta proyecta sobre la pared y tratan de establecer su relación. Hasta que uno de ellos consigue romper las cadenas y se da vuelta y ve el sol. Encandilado tantea a su alrededor y describe balbuceando lo que ha visto. Los otros no le creen. Poco a poco se habitúa a mirar la luz y su tarea será entonces descender hasta los prisioneros y llevarlos hacia ella. Este prisionero es el filósofo; el sol, la verdad de la ciencia que no sólo va en pos de fantasmas y sombras sino también del verdadero ser.

Ahora bien ¿quién adopta actualmente esta posición con respecto a la ciencia? La juventud, particularmente, tiene hoy un sentimiento opuesto. Las construcciones intelectuales de la ciencia son el reino subterráneo de abstracciones artificiosas que buscan recoger con sus manos estériles la sangre y la savia de la verdadera vida, pero sin lograrlo. Sin embargo aquí, en la vida, que para Platón era un juego de sombras sobre las paredes de una caverna, palpita la verdadera realidad: lo que resta son sólo aspectos sin vida, marginando, y no otra cosa. ¿Cómo se ha operado esta transformación? El apasionado entusiasmo de Platón en *La República* se explica en última instancia por el hecho de que por primera vez se descubría con plena certeza el sentido de uno de los más grandes recursos del conocimiento científico: el *concepto*. Sócrates fue quien descubrió su trascendencia. Pero no fue el único en el mundo. En la India pueden encontrarse principios de una lógica muy semejante a la de Aristóteles. Pero en ninguna parte con esta conciencia de su importancia. Aquí por primera vez se tuvo a mano un recurso que permitía colocar a cualquiera en los moldes de la lógica de tal manera que no pudiese salir sin reconocer que no sabía nada, o que ésta y no otra era la verdad, la verdad *eterna*, que no es perecedera como lo es el hacer y el agitarse de la humanidad ciega. Esta fue la extraordinaria experiencia que cupo a los discípulos de Sócrates. Y de esto parecía deducirse que si se había encontrado el concepto correcto de lo bello, lo bueno o, por ejemplo, el de la valentía o el de alma —o de lo que fuese— también se podía abarcar su verdadero ser, lo que parecía poner en sus manos nuevamente el medio para saber y enseñar cómo actuar rectamente en la vida, sobre todo como ciudadano. Pues los griegos, cada vez más politizados, reducían todo a esta cuestión. Y por dicha razón se cultivaba la ciencia.

Junto a este descubrimiento del espíritu helénico penetró, como hijo de la época renacentista, el segundo gran instrumento de la labor científica: la experimentación racional como recurso de la experiencia rigurosamente controlada, sin la cual sería imposible la ciencia empírica actual. Con anterioridad se había también experimentado fisiológicamente, en la India, al servicio de la técnica ascética del yoga; en la Grecia antigua, con fines matemáticos o de técnica bélica; en la Edad Media con vistas a la explotación de minas. Pero el haber elevado el experimento a categoría de principio de la investigación como tal es un logro del Renacimiento. Y ciertamente, los precursores fueron los innovadores en el terreno del arte. Leonardo y sus iguales, y sobre todo, de manera característica, los que experimentaron en música en el siglo XIV con el clavecín. De ellos la experimentación se extendió a la ciencia, especialmente por intermedio de Galileo, y a la teoría por intermedio de Bacon; luego se adoptaron las diferentes ciencias exactas en las universidades del Continente, sobre todo en Italia y los Países Bajos.

¿Cuál es para estos hombres, en el umbral de los tiempos modernos, la significación de la ciencia? A los ojos de los experimentadores del tipo de Leonardo de Vinci y de los innovadores en música, ella era el camino que conducía al arte *verdadero*, lo cual significaba al mismo tiempo el camino que conducía a la verdadera *naturaleza*. El arte debía ser elevado a la categoría de ciencia, lo que significa fundamentalmente que, considerando el sentido de su vida, el artista debía ser elevado a la categoría de doctor desde el punto de vista social. Esta es la ambición que fundamenta también el *Tratado de pintura* de Leonardo. ¿Y en la actualidad? "La ciencia como camino hacia la naturaleza" sonaría como una blasfemia a los oídos de los jóvenes. No, justamente lo contrario de esto aparece hoy como verdadero. Sólo liberándonos del intelectualismo de la ciencia podemos volver a nuestra propia naturaleza y por ella a la naturaleza en general. En cuanto a decir que la ciencia es igualmente el camino que conduce al arte, esta opinión no merece que nos detengamos en ella. Pero en la época del nacimiento de las ciencias exactas se esperaba aún más de la ciencia. Recuerden el aforismo de Swammerdam: "Yo les traigo aquí, en la anatomía de un piojo la prueba de la divina providencia", y comprenderán cuál ha sido en esa época la tarea propia del trabajo científico, bajo la influencia (indirecta) del protestantismo y del puritanismo: encontrar el camino que conduce a Dios. Toda la teología pietista de aquellos tiempos, sobre todo la de Spener, sabía que no se llegaba a Dios por el camino que habían buscado todos los pensadores de la Edad Media; renuncia por ello a su método filosófico, a sus concepciones y deducciones. Dios está escondido, sus caminos no son nuestros caminos, sus pensamientos no son nuestros pensamientos. Pero se tenía esperanzas de descubrir sus intenciones, sus propósitos respecto al mundo, por medio de las ciencias exactas, las que permitirían aprehender físicamente su obra. ¿Y actualmente? ¿Quién cree aún —excepto algunos niños grandes que se encuentran justamente en el campo de las ciencias naturales— que el conocimiento de la astronomía, de la biología o de la física nos podría enseñar algo, tan solo algo, sobre el significado del mundo, sobre cuál sería el camino para encontrar los rastros de tal significado, si es que hubiere uno? ¡Qué cosa más indicada para ahogar en sus raíces la creencia de que hay algo parecido a un "significado" del mundo! En definitiva, ¿cómo podría la ciencia "conducirnos a Dios"? ¿no es ella una potencia específicamente arreligiosa? Que lo es, nadie en su fuero interno puede ponerlo hoy en duda, convenga o no en ello. Liberarse del racionalismo y del intelectualismo de la ciencia es el presupuesto fundamental de toda vida en comunidad con lo divino; esto, o algo en el mismo sentido, es una de las consignas fundamentales que resuenan en los sentimientos de nuestros jóvenes con inclinaciones religiosas o aspirantes a una experiencia religiosa. Y no sólo a una experiencia religiosa sino a la experiencia en general. Lo desconcertante es únicamente el camino que se ha elegido: la sola cosa que hasta aquí el intelectualismo no había tocado aún, justamente aquellas esferas de lo irracional, fueron llevadas ahora a lo consciente y examinadas bajo su lente. En efecto, de aquí arranca prácticamente el moderno romanticismo intelectual de lo irracional. Esta vía para liberarse del intelectualismo lleva justamente a lo opuesto de lo que se habían propuesto como meta aquellos que la emprendieron. Finalmente, con ingenuo optimismo, se ha festejado a la ciencia, es decir, al dominio de la vida fundado en recursos técnicos, como camino hacia la *felicidad*. Pero me permito pasar esto por alto luego de la abrumadora crítica de Nietzsche a aquellos "últimos hombres" que "han descubierto la felicidad". ¿Quién cree en ello, excepto algunos niños grandes en las cátedras o en las salas de redacción?

Volvamos atrás. ¿Cuál es entre todas estas hipótesis el sentido de la ciencia como profesión, luego de que han naufragado todas las antiguas ilusiones que veían en ella el camino al "ser verdadero", al "arte verdadero", a la "naturaleza verdadera", al "Dios verdadero" o a la "verdadera felicidad"? La respuesta más simple a esta cuestión la ha dado Tolstói con estas palabras: "No tiene sentido puesto que no responde a las preguntas que para nosotros son más importantes. ¿Qué debemos hacer? ¿Cómo tenemos que vivir?". Que no las responde es un hecho absolutamente indiscutible. Lo esencial reside en preguntarse en qué sentido no da ninguna respuesta y si, a pesar de todo, no podría quizás ser útil a quien plantease correctamente el problema.

Suele hablarse en la actualidad de ciencia sin "presupuestos". ¿Es que existe tal ciencia? Todo depende de lo que se entienda por ello. Presupuesto de todo trabajo científico es siempre la valoración de las reglas de la lógica y del método, los fundamentos generales de nuestra orientación en el mundo. Con respecto a la cuestión que nos preocupa, estos presupuestos son bastante poco problemáticos. Se presupone entre otras cosas que el resultado del trabajo científico es *importante* en el sentido de que es "digno de ser conocido". Y aquí reside evidentemente todo nuestro problema que el significado último de este presupuesto no puede a su vez ser demostrado con los recursos de la ciencia. Simplemente, puede ser aceptado o rechazado, de acuerdo a las posiciones personales que se adopten frente a la vida.

El tipo de relación entre el trabajo científico y sus presupuestos varía mucho de acuerdo a cada estructura. Las ciencias naturales, del tipo de la física, la química o la astronomía, presuponen como sobrentendido que vale la pena conocer las leyes últimas del acontecer cósmico, en cuanto pueden ser establecidas por la ciencia. No sólo porque con estos conocimientos se pueden alcanzar resultados técnicos sino porque ellas tienen un valor "en sí" en tanto representan precisamente una "vocación". Este presupuesto, a su vez, no es absolutamente demostrable. Y tampoco se puede demostrar si ese mundo que describen es digno de existir, si tiene un "significado" y si en él tiene sentido existir. Tales cuestiones no se les plantean. Tomen ustedes una tecnología práctica tan desarrollada científicamente como la medicina moderna. Expresado de manera trivial el "presupuesto" general de la actividad médica se presenta así: el deber del médico consiste *pura y simplemente* en la obligación de conservar la vida y disminuir en lo posible el sufrimiento. Pero esto es problemático. El médico conserva por todos los medios la vida del moribundo aún cuando éste suplique ser liberado de ella, aún cuando los allegados para quienes esta vida no tiene ya valor y deseen o puedan desear, consciente o inconscientemente su muerte, celebren que se lo libere de sus sufrimientos o porque los gastos del mantenimiento de esta vida inútil —quizás se trate de un pobre loco— se tornan insoportables. Sólo los presupuestos de la

53

medicina y del código penal impiden al médico apartarse de esta línea de conducta. En cuanto a si la vida es valiosa y en qué medida, no se lo plantea. Todas las ciencias naturales nos dan una respuesta a la pregunta: ¿qué debemos hacer si queremos dominar técnicamente la vida? Pero en cuanto a responder si todo esto tiene en el fondo algún sentido o preguntarse porqué debemos y queremos ser dueños técnicamente de la vida lo dejan totalmente en suspenso o bien lo presuponen para sus propios fines. Tomen ustedes una disciplina como la crítica de arte. El hecho de que haya obra de arte es para la estética un presupuesto. Ésta busca establecer en qué condiciones se verifica dicha circunstancia. Pero no plantea la cuestión de que el reino del arte pueda ser quizás el reino del esplendor diabólico, un reino de este mundo pero sin embargo íntimamente opuesto al mundo divino y a la fraternidad humana en función de su espíritu eminentemente aristocrático. En consecuencia no se pregunta si *debe existir* la obra de arte. O el ejemplo de la ciencia del derecho. Esta disciplina establece lo que es válido de acuerdo a las reglas de la doctrina jurídica, ordenada en parte por una necesidad lógica, en parte vinculada a esquemas convencionales; establece en consecuencia *cuándo* son reconocidas como obligatorias determinadas reglas del derecho y determinados métodos para su interpretación. Pero si debe existir el derecho o si justamente deben establecerse estas reglas, no lo contesta. Cuando se busca una solución sólo puede indicarnos cuál regla del derecho, de acuerdo a las normas de nuestra doctrina jurídica, es el medio indicado para obtenerla. O tomen ustedes las ciencias históricas. Nos enseñan a comprender los fenómenos políticos, artísticos, literarios y sociales de la civilización a partir de las condiciones de su formación. No obstante no responden por sí mismas a la pregunta acerca del valor positivo de estos fenómenos, ni tampoco contestan a la pregunta de si vale la pena conocerlos. Presuponen que hay un interés de participar, por medio de estos conocimientos, en la comunidad de los "hombres civilizados". Pero aún cuando éste sea el caso, no están en condiciones de probarlo "científicamente" a nadie, y que lo presupongan no demuestra en ningún momento que sea evidente. Y de hecho no lo es en absoluto.

Detengámonos ahora en las disciplinas que me son familiares: sociología, historia, economía, política y todas las formas de la filosofía de la cultura cuya tarea es explicarla. Se afirma, y yo lo suscribo, que la política no pertenece a las aulas. Yo deploraría, por ejemplo, del mismo modo, si en las aulas de mi antiguo colegio Dietrich Schafer de Berlín estudiantes pacifistas se colocaran alrededor de la cátedra para hacer un escándalo del tipo del que deben haber hecho estudiantes antipacifistas con respecto al profesor Foerster del cual yo, por mis propias concepciones, me siento en muchos aspectos sumamente lejano[4]. Pero la política no pertenece tampoco al sector de los docentes. Y

4 D. Schafer (1845-1929), historiador alemán, alumno de Treitschke. Partidario de una historia política, patriótica y nacionalista.
W. Foerster (1869-1953), teórico del pacifismo en Alemania, colaborador en 1918 de Kurt Eisner (jefe del gobierno revolucionario bávaro), más tarde adversario del hitlerismo. Por fidelidad a sus ideas abandonó ruidosamente su cátedra de profesor en la universidad de Munich y se refugió en el extranjero. Autor de numerosas obras como *Lebenskunde* (1907), *Autorität und Freiheit* (1911), *Angewandte politische Ethik* (1925) y sobre todo numerosos estudios de pedagogía.

menos aún cuando éstos se ocupan científicamente de la política. Pues la adopción de una posición política práctica y el análisis científico de las estructuras políticas y de las doctrinas de los partidos son dos cosas distintas. Cuando se habla de democracia en una reunión política no se encubre la posición personal; justamente, el tomar partido de manera claramente reconocible es un condenado deber y una obligación. Las palabras que se utilizan no son entonces los medios para un análisis científico sino propaganda política dirigida a obligar a los otros a tomar una posición. No son las rejas del arado para ablandar el terreno del pensamiento contemplativo, sino espadas contra el adversario, instrumentos de lucha. Pero sería un sacrilegio utilizar la palabra en este sentido durante una lección en una sala de clase. Cuando allí, se habla, por ejemplo, de la democracia en sus diversas formas se analizarán las distintas maneras en que funciona, se establecerán las consecuencias particulares que tienen una u otra de estas formas para las relaciones vitales, luego se compararán con otras formas de ordenamiento político no democrático y se tratará, en la medida de lo posible, de que el oyente esté en situación de encontrar el punto desde el cual pueda tomar posición según sus propios ideales. Sin embargo, el verdadero profesor se guardará muy bien de imponer desde la cátedra ningún tipo de posición, ya sea expresamente o por medio de sugerencias, puesto que como es natural la forma más desleal es aquella de "dejar hablar a los hechos".

¿Por qué precisamente no debemos hacer esto? Presumo que muchos de mis apreciados colegas son de opinión de que en general no es posible poner en práctica esta reserva personal, y que si lo fuese sería una locura evitarla. Ahora bien, no se puede demostrar científicamente a nadie cuál es su obligación como profesor universitario. Sólo se puede exigir de él la probidad intelectual, es decir, el reconocer por una parte que la verificación de los hechos, la determinación de circunstancias matemáticas o lógicas o de la estructura interna de los bienes culturales y, por otra parte, la respuesta a la pregunta acerca del valor de la cultura y de sus contenidos particulares y, además, la forma en que se debe actuar dentro de la comunidad civilizada y de la sociedad política, son dos problemas totalmente heterogéneos. Si pregunta por qué razón no se deben tratar estos problemas en el aula, se le contestará: porque el profeta y el demagogo no tienen lugar en la cátedra. Al profeta y al demagogo se les dice: "ve a la calle y háblale al público", es decir, allí donde la crítica sea posible. En el aula, donde están sentados frente a los alumnos, deben callar y dejar hablar al profesor. Considero inexcusable aprovechar la circunstancia de que los estudiantes tengan que asistir a las clases de un profesor debido a su carrera, y de que allí no esté presente nadie que pueda oponérsele con críticas, para no serle útil como es su obligación con sus conocimientos y experiencias científicas, sino para marcarlo con su punto de vista personal sobre política. Es posible ciertamente que el individuo consiga sólo en forma imperfecta disimular sus propias simpatías. En este caso se expone a la crítica más severa ante el tribunal de su propia conciencia. Pero esto no justifica nada pues también son posibles otros errores objetivos y no obstante no eximen de la obligación de buscar la verdad. Y los condena también en nombre de los intereses puramente científicos. Estoy dispuesto a probar con la obra de nuestros historiadores que cada vez que un hombre de ciencia introduce su propio juicio de valores cesa la completa comprensión de los hechos. Pero esto supera el tema de esta noche y exigiría una larga discusión.

Pregunto solamente ¿cómo pueden por una parte un católico creyente y por otra un masón, en una clase sobre formación del Estado y la Iglesia, o sobre la historia de las religiones, cómo pueden, digo, llegar alguna vez a una igual *valoración* de estos objetos? Esto es imposible. Y sin embargo, el profesor debe tener la ambición y a su vez plantearse a sí mismo la exigencia de ser útil con sus conocimientos y métodos tanto a uno como a otros. Pueden decir ustedes, con razón, que el católico creyente no aceptará nunca, sobre los hechos relativos al origen del cristianismo, el punto de vista desde el cual lo trata un profesor libre de sus presupuestos dogmáticos. Esto es verdad. Pero la diferencia reside en que la ciencia sin presupuestos, en el sentido del rechazo de vínculos religiosos, no reconoce de hecho ni el "milagro" ni la "revelación". De lo contrario sería infiel a sus propios presupuestos. El creyente reconoce ambos. Y esta ciencia sin presupuesto le exige nada menos —ni nada más— que el reconocimiento de que si el proceso tiene que ser explicado prescindiendo de esos elementos sobrenaturales a los que la explicación empírica rehusa todo carácter causal, debe entonces ser explicado en forma científica. Y puede hacerlo sin ser infiel a sus creencias.

¿Pero acaso los logros de la ciencia no tienen ningún sentido para quienes les es indiferente el hecho como tal y sólo les interesa la toma de posición en la práctica? Quizás sí. En primer término, cuando se trata de un profesor hábil su primera tarea será enseñar a sus alumnos que hay hechos "embarazosos", aquellos, quiero decir, que son embarazosos para su opinión partidaria, y por cierto que los hay para toda opinión partidaria y también para la mía. Pienso que el profesor universitario que obligue a su auditorio a hacerse a esta idea cumple algo más que una simple tarea intelectual; estaría dispuesto a utilizar la expresión "tarea moral" aún cuando pareciera sonar algo patética para una evidencia tan obvia.

Hasta aquí he hablado solamente de los fundamentos prácticos que justifican eludir la imposición de convicciones personales. Pero no es todo. La imposibilidad de representar convicciones personales prácticas "en nombre de la ciencia" —excepto en el caso de una discusión de los medios para un fin dado, previamente establecido— es consecuencia de razones mucho más profundas. Tal actitud es en principio absurda puesto que los diversos órdenes de valores universales están enfrentados en lucha despiadada. El viejo Mill, cuya filosofía no quiero por otra parte elogiar pero que tiene razón en este punto, dijo que si se parte de la pura experiencia se llega al politeísmo. Esto está formulado superficialmente y suena paradójico, pero contiene sin embargo una parte de verdad. Si hay algo que nosotros sabemos es que una cosa puede ser santa aún cuando no sea bella y también *por el hecho* y en la *medida* en que no es bella (encontrarán ustedes las referencias en el capítulo LIII del Libro de Isaías y en el Salmo 21) y que una cosa puede ser bella aun cuando no sea buena. Lo sabemos ya desde Nietzsche y antes también lo encuentran ustedes en *Las Flores del Mal*, nombre que dio Baudelaire a su libro de poemas. Y finalmente, es una verdad de todos los días que una cosa puede ser verdadera aún cuando no sea bella, ni santa, ni buena. Pero estos son solamente los casos más elementales de la lucha entre los dioses de los distintos órdenes y valores. Ahora bien ¿cómo se puede hacer para decidir "científicamente" entre el valor de la cultura francesa y la cultura alemana? Eso no lo sé. Aquí también dioses diferentes luchan entre sí y, sin duda, ha sido así en todas las épocas. Ocurre como en el mundo antiguo encantado aún por sus dioses y demonios sólo que con distinto sentido: así como los griegos ofrecían sacrificios a Afrodita o a Apolo, y también a cada uno de los dioses de su ciudad, así también ocurre hoy, perdido el encanto y despojada de aquella transfiguración plástica, mística pero íntimamente verdadera. Y sobre esos dioses y sus luchas gobierna el destino, pero no, por cierto, la ciencia. Sólo nos es dado comprender qué significa lo *divino* para una sociedad dada, o lo que una u otra sociedad considera como tal.

Pero de este modo está absolutamente cerrado el caso a toda discusión en el aula por parte de un profesor, tanto menos naturalmente de lo que está cerrado el inmenso problema vital contenido en ella.

Además de la cátedra universitaria otros poderes tienen aquí la palabra. ¿Cuál es el hombre que se atreve a "discutir científicamente" la ética del Sermón de la Montaña, la frase por ejemplo: "no oponer resistencia al mal" o la parábola de las dos mejillas? Y sin embargo está claro: desde el punto de vista mundano se predica aquí una ética que va contra la dignidad. Se tiene que elegir entre la dignidad religiosa, que es el fundamento de esta ética, o la dignidad del hombre, que predica algo completamente distinto, es decir, "haz de oponerte al mal, de lo contrario serás responsable de sus victorias". Según la posición personal definitiva del individuo una es la ética del diablo y la otra la de Dios, y el individuo debe decidir *por sí mismo* quién es Dios y quién es diablo. Y lo mismo ocurre en todos los órdenes de la vida. El grandioso racionalismo de una conducta vital acorde a una ética metódica que surge de toda profecía religiosa, destronó al politeísmo en favor del "Único del que tenemos necesidad", y entonces, frente a la realidad de la vida interna y externa, se ha visto urgido a compromisos y relativizaciones que todos conocemos por la historia del cristianismo. Actualmente, sin embargo, desde el punto de vista de la religión esto es "cosa de todos los días". Los múltiples dioses antiguos, despojados de su hechizo, y por tanto, bajo la forma de fuerzas impersonales, salen de sus tumbas, aspiran a dominar nuestras vidas y comienzan de nuevo su eterna lucha. Pero es eso justamente lo que resulta tan difícil para el hombre moderno y más aún para la joven generación: hacer frente a esa "cosa de todos los días". Todo afán de "experiencia" nace de esta debilidad, pues es debilidad no ser capaz de ver en su faz severa al destino de la época.

Pero el destino de nuestra cultura reside en que hemos llegado a tomar conciencia nuevamente, y con más claridad, de aquello que un milenio de orientación, cierta o pretendidamente exclusiva, hacia el grandioso *pathos* de la ética cristiana había cegado a nuestros ojos.

Pero basta ya de estas cuestiones que nos conducirían demasiado lejos. Ahora bien, el error en el cual incurre una parte de nuestra juventud cuando responde a todo lo dicho con: "Sí, pero nosotros vamos a clase para tener una experiencia que sea diferente al simple análisis o constatación de los hechos", el error, decimos, es que buscan en el profesor algo distinto a lo que tienen delante; buscan un *conductor* y no un *maestro*. Pero ocurre que sólo como a *maestros* se nos ha puesto en la cátedra. Y es fácil darse cuenta que se trata de dos cosas distintas. Permítanme que una vez más los conduzca a América ya que allí pueden observarse a menudo tales cosas en su forma original más evidente. El joven americano aprende indeciblemente menos que el nuestro. Sin embargo, a pesar del número increíble de exámenes no se ha convertido, por el significado mismo que tiene su vida universitaria, en un absoluto hombre-examen como le ocurre al joven alemán. La burocracia, que hace del diploma una condición previa, un billete de entrada en el reino de la prebenda de los empleos, está allí recién en sus comienzos. El joven americano no tiene respeto por nada ni por nadie, por ninguna tradición ni por ninguna situación profesional a no ser por la propia obra personal del individuo; a esto llama el americano "democracia".

62

Tan desfigurada como pudiese aparecer la realidad frente a la significación verdadera de la palabra, ésta es su significación y esto es lo que importa aquí. Del profesor que está frente a él tiene la siguiente opinión: "Me vende sus conocimientos y métodos a cambio del dinero de mi padre exactamente de la misma manera que la verdulera le vende los repollos a mi madre". Y nada más. Si el profesor es por ejemplo un campeón de fútbol no se vacilará en considerarlo como un jefe en ese dominio preciso. Pero si no lo es (o si no es algo parecido en otro deporte) no es nada más que un profesor. A ningún joven americano se le ocurriría pensar en que su profesor podría venderle "concepciones del mundo" o reglas válidas para su conducta en la vida. Ahora bien, nosotros rechazamos una concepción formulada en estos términos. Sin embargo, habría que preguntarse si en esta manera de sentir —yo voluntariamente he exagerado algo— no hay un grado de verdad.

Estudiantes: ustedes vienen a las aulas exigiéndonos cualidades de conductores sin plantearse previamente que de cien profesores noventa y nueve no pretenden ser campeones de fútbol de la vida, ni tampoco conductores en las cuestiones que conciernen a la actitud vital. Recuerden: el valor del hombre no depende del hecho de poseer dotes de conductor y, en todo caso, las cualidades que hacen de un hombre un sabio eminente y un profesor universitario no son las mismas que hacen de él un conductor en el campo de la orientación práctica de la vida y especialmente en política. El hecho de que alguien posea también esta cualidad es puramente casual y sería inquietante que todo profesor universitario que ocupa una cátedra se sintiera en la obligación de apelar a ella. Y más inquietante aún si a cada profesor universitario se le permitiese representar en el aula el papel de conductor. En efecto, aquellos que se toman a sí mismos como tales son a menudo los menos aptos y, sobre todo, si lo son o no lo son, su situación en la cátedra no ofrece en ningún caso la oportunidad de una *comprobación*. El profesor que se siente llamado a ser consejero de los jóvenes y que goza de su confianza debe enfrentarse con ellos en una relación personal, de hombre a hombre. Y si se siente llamado a tomar parte en las luchas entre las concepciones del mundo y las opiniones partidarias, debe hacerlo afuera, en la plaza pública, es decir, en los diarios, en las reuniones, en las sociedades, o donde le guste. Porque es demasiado cómodo demostrar su valentía de prosélito allí donde los asistentes, y quizás los oponentes, están condenados al silencio.

Finalmente debemos plantear esta pregunta: ¿si esto es así, cuál es entonces el aporte positivo de la ciencia a la "vida" práctica y personal? Y estamos entonces nuevamente ante el problema de la profesión científica en sí misma. En primer término, por supuesto, la ciencia nos ofrece los conocimientos técnicos para gobernar la vida por medio del cálculo, tanto en las cosas exteriores como en las relaciones humanas. Ahora bien, ustedes dirán que esto es sólo la verdulera de los muchachos americanos. Estoy completamente de acuerdo. En segundo lugar, aporta ciertamente lo que la verdulera no nos puede dar: métodos de pensamiento, es decir, los instrumentos y una disciplina. Ustedes podrán decir quizás esta vez que no se trata de verduras sino de algo que no es más que un medio para proveerse de verduras. ¡Sea! Admitámoslo por el momento. Afortunadamente, sin embargo, no concluye con esto la obra de la ciencia sino que estamos en condiciones de proporcionales una tercera ventaja: la *claridad*. Presuponiendo naturalmente que nosotros mismos la poseamos. Si así ocurre podremos aclararles que respecto al problema del valor en torno al cual se gira siempre — para simplificar les pido que piensen, por ejemplo, en los fenómenos sociales— se puede adoptar tal o cual posición. Si se adopta una u otra deben utilizarse, de acuerdo a la experiencia científica, uno u otro medio para llevar a cabo su ejecución práctica. En el momento actual, estos medios son quizás de por sí de naturaleza tal que ustedes creen que deben ser rechazados. Entonces debe elegirse justamente entre el fin y los medios indispensables. ¿El fin justifica o no estos medios? El profesor puede mostrarles la necesidad de esta elección pero no puede ir más allá en la medida que quiera seguir siendo profesor y no demagogo.

Naturalmente, puede también decirles: si ustedes buscan tal o cual fin deben tener en cuenta tal o cual consecuencia que se verifica conforme a la experiencia. Pero estamos nuevamente en la misma situación. Entre tanto, todos estos son problemas que pueden presentarse asimismo a cualquier técnico, quien en numerosos casos tendrá que decidir entre el principio del mal menor o el de lo mejor relativo. Sólo que al técnico suele serle dada una cosa, la principal: el *fin*. Pero esto no ocurre con nosotros en cuanto no se trate de problemas verdaderamente "últimos". Y con esto alcanzamos recién la consecuencia definitiva de la claridad y, al mismo tiempo, alcanzamos también sus límites. Podemos y debemos decirles también que tal o cual tema de posición práctica puede deducirse con íntima coherencia, en cuanto a su *significación*, de tal o cual concepción última y fundamental del mundo. Una toma de posición sólo puede derivar de una única visión del mundo, pero es igualmente posible que ella derive de muchas, diferentes ante sí. Sirven a este Dios —hablando figuradamente— y ofenden a aquél cuando deciden por sí mismos esta toma de posición. Pues ustedes llegan necesariamente a tales o cuales consecuencias internas, últimas y significativas, cuando permanecen fieles a sí mismos. Y esto es lo que la ciencia puede aportar, al menos en principio. Es igualmente esta obra la que tratan de realizar la disciplina especial denominada filosofía y las metodologías particulares a las otras disciplinas.

Podemos de este modo, si entendemos lo que tenemos entre manos (cosa que aquí debe presuponerse) obligar al individuo *a darse cuenta del significado último de sus propios* actos, o al menos ayudarlo y esto no me parece a mí que sea descuidable, aún en lo que concierne a la vida puramente personal. Cuando un profesor obtiene estos resultados, me siento inclinado a decir que está al servicio de fuerzas "morales", a saber el deber de promover la claridad y el sentido de responsabilidad; y creo que le será tanto más fácil cumplir esta obra cuanto más concienzudamente evite por su parte imponer o sugerir a sus auditores una toma de posición.

La opinión que aquí expongo tiene sin duda

como base una condición fundamental: en la medida en que está fundada en sí misma y se comprende en sí misma, la vida conoce solamente la lucha eterna entre los dioses, es decir, hablando sin metáforas, la imposibilidad de conciliar y por lo tanto de resolver los puntos de vista últimos *posibles* y en consecuencia la necesidad de decidir en favor de uno u otro. Si en tales condiciones la ciencia tiene validez para llegar a ser la "profesión" de alguien, o si es en sí misma una "profesión" objetivamente válida, implica un juicio de valor sobre el cual no es posible pronunciarse en el aula. Para el profesor se presupone de hecho la respuesta afirmativa. En lo que a mí respecta responde afirmativamente con mi propio trabajo. Y esto es válido también justamente para el punto de vista que la juventud profesa actualmente, o mejor dicho imagina profesar, por el cual odia al intelectualismo como al más negro de los diablos. Vale entonces para ellos la sentencia: "Recuerda, el diablo es viejo, hazte viejo tú también para poder comprenderlo"[5]. Esto no se entiende en el sentido de la fe de nacimiento, sino en el sentido de que ante este diablo si se quiere acabar con él, no se debe recurrir a las maldiciones como se hace hoy de tan buena gana, sino que se debe escrutar su camino hasta el final para comprobar sus fuerzas y sus límites.

Que la ciencia es hoy una "profesión" [*Beruf*] especializada al servicio de la conciencia de sí mismo y de las situaciones efectivas, y no la gracia de la salvación y la revelación dispensada a visio-

---

5 Cita extraída del *Second Faust* de Goethe, versos 6817-6818: *Bedenkt der Teufel der ist alt / so werdet alt ihn zu verstehen.*

narios y profetas, ni parte integrante de la meditación de sabios y filósofos sobre el significado del
mundo es, por supuesto, un hecho ineludible de
nuestra situación histórica de la cual no podemos
escapar si queremos permanecer fieles a nosotros
mismos. Si Tolstói surge nuevamente en ustedes y
pregunta: ¿qué debemos hacer y cómo organizaremos nuestra vida? o en el lenguaje empleado
actualmente ¿a cuál de esos dioses que luchan
entre sí debemos servir? Quizás a uno completamente distinto. Pero ¿a cuál? En este caso habría
que decir: sólo a un profeta o a un salvador. Si él
no está presente o si su mensaje no es escuchado,
tengan la seguridad entonces de que no podrán
obligarlo a bajar a la tierra por el solo hecho de
que millares de profesores, transformados en
pequeños profetas privilegiados y estipendiados
por el Estado, traten de representar este papel en
el aula. Con esto lograrán únicamente impedir el
conocimiento de un hecho decisivo: el profeta que
tanto invoca nuestra joven generación *no existe* y
nunca se les revelará toda la significación de esta
ausencia. Creo que no se le rinde ningún servicio
a los intereses íntimos de un hombre que "vibra"
verdaderamente en el sentido religioso cuando se
le oculta a él o a otros, por medio de sucedáneos
como lo son estas profecías de cátedra, el hecho
fundamental de que su destino es vivir en una
época sin dios ni profeta. La seriedad de su sentimiento religioso tendría, me parece, que rebelarse.
Ahora bien, ustedes se sienten inclinados a decir:
¿qué posición se adopta entonces ante la existencia de la teología y sus pretensiones de ser una
"ciencia"? No nos atormentemos buscando la res-

puesta. "Teología" y "dogmas" no se encuentran por cierto en todas partes pero tampoco sólo en el cristianismo. Se encuentran (remontándonos en la historia) en formas muy desarrolladas en el Islam, en el maniqueísmo, en el gnosticismo, en el orfismo, en el parsismo, en el budismo, en las sectas hindúes, en el taoísmo, en los upanishads y naturalmente en el judaísmo. Sólo que, por supuesto, desarrolladas sistemáticamente en proporción considerablemente distinta. Y no es casual el hecho de que el cristianismo occidental no sólo haya elaborado o tratado de elaborar en forma sistemática su teología —contrariamente a lo que ocurre, por ejemplo en el judaísmo— sino que es allí donde su desarrollo ha tenido la más acentuada significación histórica. De esto es responsable el espíritu helénico, y toda teología occidental procede de él del mismo modo que, evidentemente, toda teología oriental procede del pensamiento hindú. Toda teología es una *racionalización* intelectual del "patrimonio de la salvación" religioso. Ninguna ciencia está absolutamente exenta de presupuestos y ninguna puede fundamentar su propio valor ante quien rechace sus presupuestos. Pero además, toda teología conlleva algunos presupuestos específicos para su propia labor y para la justificación de su propia existencia que son naturalmente distintos en lo que respecta a sentido y alcances. Para toda teología, y también para la hindú, tiene validez por ejemplo el presupuesto de que el mundo debe tener un significado y la cuestión reside en cómo interpretarlo para poder pensar en él. Exactamente del mismo modo que la teoría del conocimiento de Kant parte del presupuesto de que "la verdad científica existe y es válida" y luego se pregunta bajo qué presupuestos del pensamiento es esto (razonablemente) posible. O de la misma manera que los estetas modernos (explícitamente como en el caso de Lukács, o efectivamente) parten del presupuesto de que "hay obras de arte" y preguntan entonces cómo es esto (razonablemente) posible. En verdad, las teologías no se contentan por regla general con aquellos presupuestos derivados de la filosofía de la religión. Ellas parten generalmente de presupuestos aún más remotos: por una parte, de la necesidad de creer que determinadas "revelaciones" son hechos importantes para la salvación —es decir, hechos que posibiliten una conducta de la vida que tenga significado— y por otra parte, que determinados estados y acciones posean carácter de santidad, es decir, que constituyan una conducta de vida con sentido religioso o que sean al menos los componentes de ella. Y entonces su planteo es: ¿cómo se interpretan estos presupuestos absolutamente aceptados dentro de una representación total del mundo? Para la teología, estos presupuestos están más allá de lo que es "ciencia". No constituyen un "saber", en el sentido que entendemos habitualmente, sino un "tener". A quien no "tiene" —fe u otro estado de gracia— ninguna teología puede suplírselos. Ni ninguna otra ciencia. Por el contrario, en toda teología positiva el creyente llega a un punto en el cual tiene vigencia la frase agustiniana: *credo nom quod, sed quia absurdum est*. La capacidad para cumplir esa obra virtuosa que es "el sacrificio del intelecto" constituye el elemento característico del hombre religioso positivo.

Y siendo así, las circunstancias indican que a pesar (o quizás como consecuencia) de la teología (que lo revela) la tensión entre la esfera de los valores de la ciencia y la salvación religiosa es insuperable.

El "sacrificio del intelecto" conduce, como es natural, el discípulo al profeta y el creyente a la Iglesia. Pero nunca se ha visto surgir una nueva profecía (retomo aquí deliberadamente esta imagen que ha chocado a algunos) porque algunos intelectuales modernos tengan necesidad de amueblar su alma, con objetos antiguos de autenticidad garantida, y recuerdan entonces que la religión, que por cierto no practican, se encuentra entre ellos. Reemplazan así la religión por una especie de capilla doméstica amueblada caprichosamente con imágenes sagradas de todos los países. O también encuentran un sucedáneo en todo tipo de experiencia a la que confieren la dignidad de santidad mística y con la que van luego a negociar al mercado de libros. Esto es muy simple: o se trata de charlatanería o es una forma de ilusionarse a sí mismo. No es en absoluto charlatanería sino algo más serio y verdadero, pero quizás a veces mal interpretado en su sentido cuando, por ejemplo, alguna de esas asociaciones de jóvenes que han crecido en silencio en los últimos años dan a su propia relación social humana la significación de una relación religiosa, cósmica o mística. Si es verdad que todo acto de pura fraternidad puede conectarse con la conciencia de que algo imperecedero se comunica de este modo con un reino suprapersonal, me parece dudoso que la dignidad de las puras relaciones sociales humanas deban ser realzadas por medio de estas interpretaciones religiosas. De todos modos, esto no viene al caso.

Este es el destino de nuestra época con su característica racionalización e intelectualización y, sobre todo, con su desencantamiento del mundo que hace que se retiren de la vida pública los últimos y más sublimes valores y busquen refugio ya sea en el reino extra terreno de la vida mística o en la fraternidad de las relaciones inmediatas y recíprocas de los individuos. Nada tiene de fortuito que nuestro arte más eminente sea íntimo y no monumental, ni tampoco el hecho de que actualmente sólo en los círculos sociales más pequeños, de hombre a hombre, en *pianissimo*, palpite algo que corresponda a lo que antaño, como profético *pneuma*, iba en llama impetuosa a través de las comunidades y las soldaba entre sí. Tratamos de forzar y de suscitar un sentido monumental del arte y es así como surgen esos lamentables horrores que son muchos de los monumentos erigidos en los últimos veinte años. Se procura elucubrar novedades religiosas sin nuevas y auténticas profecías y es así como surge en la esfera íntima algo que se le asemeja pero que opera aún en forma más desastrosa. Y la profecía de cátedra forma solamente sectas de fanáticos, pero nunca una auténtica comunidad. A quien no pueda afrontar virilmente el destino de esta época debe decírsele que se vuelva más bien en silencio, sin la publicidad habitual de los renegados, sino sencilla y simplemente a los brazos misericordiosos y ampliamente abiertos de las antiguas iglesias. Ellas no le harán el retorno difícil. De todos modos debe llevar a cabo inevitablemente "el sacrificio del intelecto" de una u otra forma. No se lo reprocharemos si es que verdaderamente es capaz de hacerlo. En efecto, tal sacrificio del intelecto en favor de una incondicional inclinación religiosa es moralmente algo distinto a aquellos rodeos para eludir la simple obligación de probidad intelectual que se realizan cuando no se tiene el valor de aclararse a sí mismo la propia toma de posición definitiva, sino que se facilita esta obligación por medio de una relativización precaria. Y para mí esto vale más que aquella profecía de cátedra que no ha entendido que entre las paredes del aula no vale otra virtud que la de la simple probidad intelectual. Esta nos impone sin embargo establecer que actualmente, para los muchos que claman por nuevos profetas y salvadores, la situación es la misma que la descripta en el hermoso canto edomita del centinela de la época del exilio, recogido en el oráculo de Isaías:

Danme voces desde Seir:
"Centinela ¿qué hay de la noche?
Centinela ¿qué hay de la noche?"
El centinela responde:
"Viene la mañana, y después la noche.
Preguntad si queréis.
Volved a preguntar".

El pueblo a quien iban dirigidas estas palabras había preguntado y clamado durante más de dos milenios y bien conocemos su trágico destino. ¡Aprendamos la lección! Nada se ha hecho con sólo anhelar y esperar, hay que actuar de otra manera. Es necesario ponernos en la tarea y adaptarnos a las "exigencias de la hora" tanto humanamente como desde el punto de vista profesional. Y esto será simple y sencillo si cada uno de nosotros encuentra al demonio que tiene el hilo de su vida y lo escucha.

LA POLÍTICA COMO PROFESIÓN

1919
Politik als Beruf

Esta conferencia, que doy a petición vuestra, os va a desalentar necesariamente por varias razones. Como es natural, esperáis que yo tome posiciones en relación con los problemas reales de nuestros días[1]. Pero sólo lo haré de un modo estrictamente formal y al finalizar, cuando plantee ciertas cuestiones relativas a la importancia de la acción política en el conjunto de la conducta humana. En la conferencia de hoy deben eliminarse todas las cuestiones referentes a la orientación y al contenido que debe darse a la propia actividad política, porque estas cuestiones nada tienen que ver con el problema general del significado de la política como profesión y lo que puede significar. Entremos ahora en nuestro tema.

¿Qué entendemos por política? El concepto es extremadamente amplio y comprende toda especie de actividad directiva autónoma. Se habla de la política de divisas de un banco, de la política de descuento de la *Reichsbank*, de la política de un sindicato durante una huelga; puede hablarse de la política educativa de una comuna urbana o rural,

---

1 Para comprender todas las alusiones a la actualidad política es preciso recordar que Munich había sido el teatro de ciertos acontecimientos sangrientos poco después de la derrota de 1918, al igual que otras ciudades alemanas. Es a este período que Weber llama no sin ironía la "revolución".

de la política del presidente de una asociación voluntaria y, finalmente, inclusive de la política de una esposa prudente que trata de orientar a su marido. Esta noche, nuestras reflexiones no se basan, naturalmente, en un concepto tan amplio. Queremos entender por política sólo la dirección de la asociación *política* a la que hoy se denomina *Estado*, o la influencia que se ejerce sobre esa dirección.

¿Pero qué es una asociación "política" desde el punto de vista sociológico? ¿Qué es un "Estado"? Sociológicamente, el Estado no puede ser definido por el contenido de lo que haga. Difícilmente podrá encontrarse una tarea que no haya tenido que ver con alguna asociación política y, sin embargo, puede decirse que no hay una sola tarea que haya sido siempre exclusiva y peculiar de las asociaciones que hoy designamos como Estados o que fueron históricamente las precursoras del Estado moderno. En última instancia, puede definirse sociológicamente al Estado moderno, al igual que a toda asociación política, sólo en función del *medio* específico que le es propio, es decir, en función del uso de la violencia física.

"Todo Estado se basa en la fuerza", afirmó Trotsky en Brest-Litovsk. Esto, en verdad, es cierto. Si las instituciones sociales existentes no conocieran el uso de la violencia, el concepto de Estado quedaría eliminado y surgiría una situación que se designaría como "anarquía", en el sentido específico del término. Actualmente la relación entre el Estado y la violencia es particularmente íntima. En el pasado, las instituciones más variadas —empezando por la familia— conocieron normalmente el uso de la fuerza física. Sin embargo, debemos decir que en el presente un Estado es una comunidad humana que reclama (con éxito) el *monopolio del uso legítimo de la fuerza física* en un territorio determinado. Obsérvese que el "territorio" es una de las características del Estado. En la actualidad, el derecho a usar la fuerza física se adscribe específicamente a otras instituciones o a individuos sólo en la medida en que lo permite el Estado, ya que éste es considerado como la única fuente del "derecho" a usar la violencia. Por tanto, "política" significa para nosotros el esfuerzo para compartir el poder o por influir en su distribución, ya sea entre los Estados o, en el interior del Estado, entre los grupos humanos que comprende, lo cual corresponde también esencialmente al uso corriente del término.

Cuando se dice de un problema que es "político", de un ministro o de un funcionario que son "políticos", o cuando se afirma que una decisión está determinada "políticamente", lo que se quiere decir es: en el primer caso, que los intereses relativos a la distribución, sostenimiento o transferencia del poder, son decisivos para responder a dicho problema; en el segundo caso, que esos mismos factores condicionan la esfera de actividad del funcionario; y, por último, que dichos factores son los que determinan la decisión. Quien actúa en política se esfuerza por obtener el poder, bien como medio para servir a otros fines, ideales o egoístas, o como "poder por el poder mismo", es decir para gozar del sentimiento de prestigio que confiere.

Al igual que las instituciones políticas que lo precedieron, el Estado es una relación de hombres que dominan a otros, una relación que se apoya en la violencia legítima (es decir, en la violencia considerada como legítima). Si el Estado debe existir, los dominados han de obedecer la autoridad que los poderes constituidos reclaman como propia. ¿Cuándo y por qué obedecen los hombres? ¿En qué justificaciones internas y en qué medios externos descansa este dominio?

En principio, existen tres justificaciones internas y por tanto tres legitimaciones básicas del dominio. En primer lugar, la autoridad del "pasado" de las costumbres santificadas por una validez inmemorial y por la orientación habitual a someterse. Este es el dominio "tradicional" ejercido por el patriarca y el príncipe patrimonial de antaño.

Existe la autoridad del *don de gracia* extraordinario y personal (*carisma*), la confianza y la devoción absolutamente personal en la revelación, el heroísmo u otras cualidades de dirección individual. Este es el dominio "carismático" ejercido por el profeta o —en el terreno de la política— por el jefe guerrero electo, el gobernante por plebiscito, el gran demagogo o el jefe de un partido político.

Finalmente, está el dominio en virtud de la "legalidad", merced a la creencia en la validez de lo estatuido legalmente y en la "competencia" funcional, basada en *reglas* creadas racionalmente. En este caso, la obediencia se espera por el cumplimiento de las obligaciones estatuidas. Este es el dominio ejercido por el moderno "servidor del Estado" y por todos aquellos otros elementos investidos de poder que en este aspecto se le asemejan.

En realidad, se entiende que la obediencia está determinada por motivos muy fuertes de temor y esperanza —temor a la venganza de poderes mágicos o de quien detenta el poder; esperanza de recompensa en este mundo o en el más allá— y además, por intereses de la especie más diversa. No obstante, al buscar las "legitimaciones" de esta obediencia, encontramos estos tres tipos "puros": el "tradicional", el "carismático" y el "legal".

Estas concepciones de la legitimidad y sus justificaciones internas son de gran importancia para la estructura del dominio. En verdad, los tipos puros aparecen raramente en la realidad. Pero hoy no podemos ocuparnos de las variantes altamente complejas, las transiciones y combinaciones de estos tipos puros, cuyos problemas pertenecen a la "ciencia política". Aquí nos interesa, sobre todo, el segundo de estos tipos: el dominio en virtud de la devoción de los que obedecen al "carisma" puramente personal del "líder". Porque ésta es la raíz de la idea de un *llamado* en su expresión más alta. La devoción al carisma del profeta, o al líder guerrero, o bien al gran demagogo en la asamblea (ekklesia) o en el parlamento, significa que se reconoce personalmente al líder como conductor de hombres por un "llamado" interior. Los hombres no lo obedecen en virtud de la tradición o de lo estatuido, sino porque creen en él. Si el líder es algo más que un estrecho y vano advenedizo vivirá su propia causa, "perseguirá su misión". La devoción de sus discípulos, seguidores y partidarios, se orienta a su persona y a sus cualidades.

La dirección carismática ha surgido en todas partes y en todas las épocas históricas. De gran importancia en el pasado, ha encarnado en las figuras del mago y del profeta por una parte, y en

79

el líder guerrero elegido, el jefe de bandas y el *condotiero* por otra. La conducción *política* en la forma del "demagogo" libre que creció en el Estado-ciudad nos interesa más ya que, al igual que ésta, el demagogo es peculiar de Occidente y especialmente de la cultura mediterránea. Además, la conducción política en la forma del "líder de partido" ha surgido del Estado constitucional, que es también originario sólo de Occidente.

Estos políticos por virtud de un "llamado", en el sentido más genuino de la palabra, no son, por supuesto, en ninguna parte, las únicas figuras decisivas en las contracorrientes de la lucha política por el poder. La clase de medios auxiliares que están a su disposición es también altamente decisiva. ¿Cómo consiguen mantener su dominio las potencias políticamente dominantes? La pregunta es pertinente para cualquier clase de dominio y, en consecuencia, también para el dominio político en todas sus formas, tanto tradicionales como legales y carismáticas.

Toda empresa de dominación, que requiere una continuidad administrativa, exige que la conducta humana esté orientada hacia la obediencia de los jefes que pretenden ser portadores del poder legítimo. Por otra parte, en virtud de esta obediencia, el dominio organizado requiere del control de los bienes materiales que, en un caso dado, son necesarios para el uso de la violencia física. El dominio organizado requiere así del control del personal ejecutivo y de los elementos materiales de gestión[2].

El personal administrativo, que representa exteriormente la organización del dominio políti-

---

2 Este párrafo figuraba en la edición original después del pasaje sobre la violencia física legítima de pág. 77.

co, como cualquier otra organización está sometido por obediencia al detentador del poder y no sólo en virtud de la legitimidad de que acabamos de hablar. Hay otros dos medios que apelan ambos a los intereses personales: la recompensa material y el honor social. Los feudos de los vasallos, las prebendas de los funcionarios patrimoniales, los sueldos de los funcionarios modernos de la administración pública —el honor de la nobleza, los privilegios de clase y el honor del funcionario— constituyen sus retribuciones respectivas. El temor de perderlas es la base final y decisiva de la solidaridad entre el personal ejecutivo y el detentador del poder. Todas estas recompensas se derivan también del dominio ejercido por un líder carismático; honor y botín para los soldados fieles en la guerra; para los secuaces del demagogo los "despojos", es decir la explotación de los dominados a través del monopolio de los cargos y pequeños beneficios políticos y recompensas a la vanidad.

Para conservar el dominio por la fuerza se necesitan ciertos bienes materiales, así como una organización económica. Todos los Estados pueden ser clasificados teniendo en cuenta el principio de que el personal *posea* los medios administrativos, o esté "separado" de estos medios de administración. La distinción es válida en el mismo sentido en que decimos en la actualidad que el empleado asalariado y el proletario de la empresa capitalista están "separados" de los medios materiales de producción. El detentador del poder ha de contar con la obediencia de los miembros de su personal, sean o no funcionarios. Los medios administrativos pueden consistir en dinero, edificios, material de guerra, vehículos, caballos y otros varios. Se trata de determinar si el detentador del poder dirige y organiza por sí mismo la administración al delegar el poder ejecutivo a servidores personales, funcionarios contratados o favoritos y confidentes personales, que no son propietarios, es decir, que no usan de los medios materiales de administración por derecho propio sino que son dirigidos por el señor, o si ocurre lo contrario. La distinción se produce en todas las organizaciones administrativas del pasado.

Estas asociaciones políticas en donde los medios de administración materiales están controlados autónomamente, en forma total o parcial, por el personal administrativo dependiente, pueden calificarse como asociaciones organizadas en *estamentos*. El vasallo en la asociación feudal, por ejemplo, pagaba de su propio peculio la administración y la jurisdicción del distrito que se le daba en feudo. Suministraba su propio equipo y provisiones de guerra, y sus subvasallos hacían lo mismo. Claro que esto tenía consecuencias para la posición de poder del señor, ya que este poder descansaba sólo en una relación de fe personal y en el hecho de que la legitimidad de posesión del feudo y el honor social del vasallo se derivaban del señor.

En todas partes, aún en las formaciones políticas más antiguas, encontramos también al señor dirigiendo la administración por cuenta propia, haciendo que los hombres dependan personalmente de él: esclavos, empleados de su casa, ayudantes, "favoritos" personales y prebendarios, están sujetos al feudo y son pagados en dinero o en especie de los almacenes del señor. Se esfuerza, pues, por costear los gastos de su propia bolsa con los ingresos de su patrimonio y quiere crear un ejército avituallado y equipado en sus graneros, almacenes y armerías para que dependa de su persona. En la asociación de estamentos el señor gobierna con ayuda de una "aristocracia" autónoma y, por tanto, comparte su poder con ella; el señor que administra personalmente es apoyado bien por miembros de su casa o por plebeyos. Éstos constituyen estratos sin propiedad ni honores sociales propios; en lo material están totalmente encadenados a él, sin estar apoyados por un poder competidor propio. Todas las formas de dominio patriarcal y patrimonial, desde el despotismo de los sultanes hasta los Estados burocráticos, pertenecen a este último tipo. El orden del Estado burocrático es especialmente importante, y en su desarrollo más racional es característico del Estado moderno.

En todas partes el desarrollo del Estado moderno se inicia a través de la acción del príncipe. Es él quien abre el camino a la expropiación de los detentadores autónomos y "privados" del poder ejecutivo que están detrás suyo, de aquellos que por derecho propio poseen los medios administrativos, guerreros y la organización financiera, así como los bienes políticamente utilizables de toda especie. El proceso es de un paralelismo similar al desarrollo de la empresa capitalista a través de la expropiación gradual de los productores independientes. Al final, el Estado moderno controla todos los medios de organización política, que en realidad se reúnen bajo una sola cabeza. Ningún funcionario posee personalmente el dinero de que dispone para hacer los pagos, ni los edificios, almacenes, instrumentos y maquinaria de guerra que controla. En el "Estado" contemporáneo —y esto es esencial para el concepto de Estado— se realiza plenamente la "separación" de los cuadros administrativos y de los funcionarios y trabajadores de los medios materiales de organización administrativa. Aquí empieza el desarrollo más moderno y vemos con nuestros propios ojos el intento de iniciar la expropiación de este expropiador de los medios políticos, y con ellos, del poder político[3].

La revolución [de Alemania, en 1918] ha logrado, al menos en tanto que los líderes han tomado el lugar de las autoridades estatuidas, lo siguiente: los líderes, por usurpación o elección, han obtenido el control sobre el personal político y el aparato de bienes materiales; y deducen su legitimidad —no importa con qué derecho— de la voluntad de los gobernados. El que los líderes, basándose en este éxito cuando menos aparente, puedan abrigar justamente la esperanza de llevar también a cabo la expropiación de las empresas capitalistas, es otra cuestión. La dirección de las empresas capitalistas, a pesar de analogías de vasto alcance, sigue leyes muy diferentes a las de la administración política.

Hoy no tomamos posición acerca de esto. Establezco sólo el aspecto puramente *conceptual* de

---

3 Weber se refiere sin ninguna duda a las tentativas revolucionarias que sacudieron el año 1918 en Alemania, pero también quizás a la teoría marxista de la extinción inevitable del Estado.

nuestra consideración: el Estado moderno es una asociación obligatoria, que organiza el poder. Ha tenido éxito al tratar de monopolizar el uso legítimo de la fuerza física como medio de dominio dentro de un territorio. Para este fin, el Estado ha concentrado los medios materiales de gestión en manos de sus líderes y ha expropiado a todos los funcionarios autónomos que antes controlaban estos medios por derecho propio. El Estado ha tomado sus posiciones y ahora ocupa el lugar más elevado.

Durante ese proceso de expropiación política que ha ocurrido con éxito diverso en todos los países de la Tierra, han surgido "políticos profesionales" en un sentido diferente. Surgieron primero al servicio de un príncipe. Fueron hombres que, a diferencia del líder carismático, no desearon ser ellos mismos jefes, sino que entraron al *servicio* de los jefes políticos. En la lucha por la expropiación, se pusieron a disposición del príncipe y administrando su política se ganaron el sustento y dieron un contenido ideal a su vida. Una vez más, sólo en Occidente encontramos esta especie de político profesional al servicio de otros poderes que no son ya los de los príncipes. En el pasado fueron el instrumento de poder y de expropiación política más importante del príncipe.

Antes de analizar a los "políticos profesionales" en forma detallada, aclaremos en todos sus aspectos el estado de cosas que supone su existencia. La política, lo mismo que las empresas económicas, puede ser la ocupación de un hombre o su vocación. Puede hacerse política y tratar así de influir en la distribución del poder dentro y entre las estructuras políticas, como político "ocasional". Todos somos políticos "ocasionales" cuando llenamos nuestra boleta electoral o consumamos una expresión similar de voluntad, tal como aplaudir o protestar en una reunión "política", o decir un discurso "político", etc. Toda la relación que mucha gente tiene con la política se limita a esto. La política como ocupación es practicada hoy por todos aquellos agentes de partidos y jefes de asociaciones políticas voluntarias que, por regla general, son activos políticamente sólo en caso de necesidad y para los cuales la política no es, ni material ni idealmente, "su vida". Lo mismo es válido para los miembros de consejos de Estado y otros cuerpos deliberativos semejantes que sólo funcionan cuando son convocados. Esto también es cierto para estratos bastantes amplios de parlamentarios que son políticamente activos sólo durante las sesiones.

En el pasado esos estratos se encontraban especialmente en los estamentos. Los propietarios por derecho propio de los bienes materiales importantes para la vida administrativa y militar, o los beneficiarios de privilegios personales, pueden ser llamados estamentos. La mayoría de ellos estuvieron lejos de consagrar sus vidas plenamente, o de manera preferencial, o algo más que ocasional, al servicio de la política. Más bien explotaban sus prerrogativas con el interés de percibir rentas o inclusive ganancias y solamente participaban de manera activa al servicio de asociaciones políticas cuando el señor de sus iguales lo solicitaba especialmente. No era distinto el caso de algunas fuerzas auxiliares que el príncipe arrastró a la creación de una organización política exclusivamente a su disposición. Esta era la naturaleza de los "consejeros privados" [*Rate von Haus aus*] y remontándose más lejos, de una parte considerable de los consejeros que se reunían en la "Curia" y otros cuerpos consultivos de los príncipes. Pero estas fuerzas auxiliares simplemente ocasionales, participantes desde afuera en la política, no bastaban al príncipe. Por necesidad, el príncipe buscaba crear un personal de ayudantes dedicados plena y exclusivamente a servirlo y que hacían de la actividad política su principal ocupación. La estructura de la organización política de la dinastía naciente, al mismo tiempo que toda la fisonomía de la civilización examinada, dependían, en grado considerable, de la capa social en la que el príncipe reclutaba sus agentes.

Aparecieron también, y con mayor razón, los agrupamientos políticos que después de la limitación completa o de la limitación considerable del poder señorial se constituyeron políticamente en comunas "libres". Eran "libres" no en el sentido de una liberación de toda dominación basada en la violencia, sino en el sentido de la ausencia de un poder señorial legitimado por la tradición (casi siempre santificado religiosamente) y considerado como fuente exclusiva de toda autoridad. Estas comunas tienen su cuna histórica en Occidente. Su núcleo fue la ciudad como cuerpo político, forma bajo la cual aparece por vez primera en el área cultural del Mediterráneo. En todos estos casos ¿qué aspecto tenían los políticos que hacían de la política su principal vocación?

Hay dos maneras de hacer de la política la propia vocación: o bien se vive "para" la política o se vive "de" la política. Este contraste no es en modo alguno exclusivo. Por regla general, el hombre hace las dos cosas en la práctica. Quien vive "para" la política hace de la política su vida, en su fuero íntimo. O bien goza de la posesión desnuda del poder que ejerce, o alimenta su equilibrio interior y su apreciación de sí mismo con la conciencia de que su vida tiene *sentido* cuando es puesta al servicio de una "causa". En este sentido interior, todo hombre sincero que vive para una causa vive también de *esa* causa. La distinción se refiere, pues, a un aspecto mucho más sustancial de la cuestión, es decir, al aspecto económico. Quien trata de hacer de la política una *fuente permanente de ingresos* vive "de" la política como vocación, mientras que quien no lo hace vive "para" la política. Donde domina el sistema de propiedad privada debe existir —si queréis— algunos presupuestos triviales para que una persona pueda vivir "para" la política en este sentido económico. En condiciones normales, el político debe ser económicamente independiente del ingreso que la política pueda producirle, lo cual significa que es indispensable poseer una fortuna personal o detentar una situación social en la vida que le produzca un ingreso suficiente.

Tal es lo que sucede, por lo menos normalmente. Los seguidores del líder guerrero se preocupan tan poco por las condiciones de una economía normal como la multitud callejera que sigue al héroe revolucionario. Ambos viven del botín, el saqueo, las confiscaciones, las contribuciones y la imposición de ofertas de pago sin valor y obligatorias, lo que equivale en esencia a la misma cosa. Pero existen necesariamente fenómenos extraordinarios. En la vida económica cotidiana, sólo cierta riqueza sirve al propósito de hacer a un hombre económicamente independiente. No obstante, esto sólo no basta. El político profesional debe ser también económicamente "disponible", lo cual significa que la adquisición de su renta no lo obliga de manera constante y personal, en todo o en parte, a consagrar su habilidad y su pensamiento a su subsistencia. En este sentido el más "disponible" es el rentista, vale decir la persona que recibe un ingreso sin trabajar, sea que al igual que los señores del pasado o los grandes propietarios terratenientes y la alta nobleza de hoy perciban la renta de la tierra —en la Antigüedad y en la Edad Media se percibían igualmente las rentas provenientes de los esclavos o siervos—, sea que extraiga dichos ingresos de títulos o de otras fuentes análogas.

Ni el trabajador ni el empresario (y menos aún el gran empresario moderno, lo que no hay que olvidar) son "disponibles" en tal sentido. Porque es precisamente el empresario quien más atado está a su empresa, y esto es válido para el empresario industrial más que para el empresario agrícola, considerando el carácter estacional de la agricultura. En lo fundamental, es muy difícil para el empresario estar representado en su empresa por otra persona, aunque sea de manera temporaria. Es tan poco disponible como el médico y cuando más eminente sea y más ocupado esté menos disponible resultará. Por razones puramente de organización, es mucho más disponible el abogado, y esto explica que haya desempeñado un papel incomparablemente mayor y a veces incluso dominante como político profesional. No seguiremos en esta clasificación; nos limitaremos a poner en claro algunas consecuencias.

La dirección de un Estado o de un partido por hombres que, en el sentido económico de la palabra, viven exclusivamente para la política y no de la política, significa necesariamente una selección "plutocrática" de los estratos políticos dirigentes. Diciendo esto no queremos de manera alguna hacer creer que la dirección plutocrática no se beneficia de su situación dominante para vivir igualmente "de" la política y para explotar su posición política en beneficio de sus propios intereses económicos. Esto es ineludible, desde luego. Jamás existió un estrato dominante que de alguna manera no haya vivido "de" la política. Sólo queremos señalar que el político profesional no necesita buscar directamente una remuneración para su labor política, en tanto que todo político desprovisto de medios económicos debe considerar dicho aspecto de la cuestión. Por otra parte, no queremos insinuar que el político que no posea fortuna persiga exclusiva y predominantemente ventajas económicas privadas en la política, ni tampoco que no piensa en primer lugar "en la causa". Nada sería más falso. Sabemos por experiencia que para un hombre acaudalado la preocupación por su "seguridad" económica constituye consciente o inconsciente una cuestión cardinal en la orientación de su vida. Un idealismo político temerario y sin reservas se encuentra si no exclusivamente al menos predominantemente en aquellos estratos que, en virtud de su carencia de riquezas, se sitúan totalmente fuera del campo de las capas sociales interesadas en mantener el orden económico de una sociedad dada. Esto es válido especialmente para las épocas excepcionales y por tanto revolucionarias. La selección no plutocrática del personal político, se traten de dirigentes o de militantes, es alimentada por el principio reconocido de que los que administran la política recibirán ingresos regulares y suficientes.

En consecuencia, existen sólo dos posibilidades. O bien la política se ejerce "honorariamente" y entonces, como suele decirse, es hecha por personas "independientes", esto es, personas de fortuna y en especial rentistas; o bien la dirección política se hace accesible a personas sin fortuna y en este caso la actividad política debe ser remunerada. El político profesional que vive "de" la política puede ser un simple "prebendario" o un "funcionario" remunerado. En otros términos, el político recibe un ingreso de honorarios y emolumentos por servicios específicos —las propinas y los cohechos son sólo una variante irregular y formalmente ilegal de esta categoría de ingresos— o un ingreso fijo en especie, un salario en dinero, o ambas cosas a la vez. Puede asumir el carácter de un "empresario", como el *condotiero* o el que desempeña un cargo subastado o comprado, o como el *american boss* que considera sus gastos como una inversión de capitales que él transforma en fuente de ingresos mediante la explotación de su influencia política. Puede recibir también un sueldo fijo, como ocurre con el periodista, el secretario de partido, el ministro moderno o el funcionario político. Los feudos, las otorgaciones de territorios y las prebendas de todas clases fueron típicas en el pasado. Con el desarrollo de la economía monetaria, los emolumentos y en especial, las prebendas, constituyen las recompensas típicas de los partidarios de los príncipes, los conquistadores victoriosos o los jefes de partido triunfantes. Actualmente, los líderes de los partidos reparten cargos de todas clases en los partidos, periódicos, sociedades cooperativas, seguro social, municipalidades y administración estatal, en pago por los buenos servicios prestados por sus partidarios. *Todas* las luchas de partido no son únicamente luchas por programas, sino también, y sobre todo, rivalidades por controlar la distribución de los puestos.

En Alemania, todas las luchas entre las tendencias localistas y centralistas se basan en la cuestión de qué poderes han de controlar el reparto de los cargos: si los de Berlín, Munich, Karlsruhe o Dresden. Los partidos se irritan mucho más frente a las injusticias cometidas en la distribución de los puestos que frente a la acción contra sus programas. En Francia, el desplazamiento de los prefectos provocado por los cambios en las relaciones de fuerza de los partidos políticos, fue considerado siempre como una transformación mucho más importante que una modificación en el programa de gobierno: en los hechos, dicho emplazamiento podía tener más resonancia porque el programa de gobierno sólo tenía una significación verbal. Algunos partidos, especialmente en los Estados Unidos desde la desaparición de los viejos conflictos referentes a la interpretación de la

Constitución, se han convertido en organismos de "patrocinio", dedicados a la caza de los puestos y modifican sus programas concretos en función de los votos a captar. En España, por lo menos hasta hace pocos años, los dos grandes partidos se sucedían en el poder según el principio de una alternancia pactada, bajo el disfraz de elecciones "prefabricadas" desde arriba, para permitir a los partidarios de ambos partidos beneficiarse periódicamente de las ventajas que otorgan los empleos administrativos. En los territorios de las antiguas colonias españolas, las llamadas "elecciones" o también las "revoluciones" no cumplen otro fin que el de apoderarse del pastel que querían cortar los vencedores. En Suiza, los partidos se repartían pacíficamente los cargos en forma proporcional y algunos de nuestros proyectos "revolucionarios" de Constitución, como por ejemplo, el primero que se estableció en Baden, intentaron extender ese sistema a los puestos ministeriales. Así, el Estado y los empleos administrativos eran considerados como simples instituciones destinadas únicamente a procurar prebendas. El Partido del Centrum [católico] fue quien apoyó de manera más entusiasta este proyecto y en Baden convirtió en un punto de su programa la distribución proporcional de los cargos según las confesiones religiosas, sin tener en cuenta la capacidad política de los futuros dirigentes. Esta misma tendencia aparece y se fortalece en todos los partidos debido al aumento del número de puestos administrativos provocados por la burocratización generalizada y por la ambición creciente de los ciudadanos atraídos por la sinecura de una situación administrati-

93

va que ofrece seguridad económica para el porvenir. Para sus adherentes, los partidos se convierten cada vez más en un trampolín que les permitirá alcanzar el fin esencial de asegurar su porvenir.

A esta tendencia se opone, sin embargo, el desarrollo de la función pública moderna que requiere en nuestros días un cuerpo de trabajadores especializados, altamente calificados, preparados para su tarea profesional por muchos años de formación. La burocracia moderna está animada de un elevado sentido del honor profesional, muy desarrollado en lo referente a su integridad. Si este sentido del honor desapareciera entre los funcionarios, peligraríamos de caer en una terrible corrupción y no podríamos escapar del predominio del filisteísmo más vulgar. Al mismo tiempo, peligrarían seriamente hasta las funciones puramente técnicas del aparato estatal, funciones cuya importancia se acrecienta constantemente y lo hará cada vez más en el futuro si tenemos en cuenta las tendencias actuales a la socialización. Hasta en los Estados Unidos, país donde se ignoraba al funcionario de carrera y el diletantismo administrativo de los políticos de botín permitía reemplazar a centenares de miles de funcionarios, incluidos los carteros, en función de los resultados de las elecciones presidenciales, el antiguo tipo de reclutamiento ha sido liquidado desde hace tiempo por la *Civil Service Reform*. Imperiosas exigencias de orden puramente técnica de la administración determinaron este proceso.

En Europa, la función pública, organizada según el principio de la división del trabajo, se constituyó progresivamente en el curso de un desarrollo que cubre más de quinientos años. Las ciudades y las señorías italianas fueron las primeras en iniciar este camino; entre las monarquías, los primeros fueron los Estados conquistadores normandos. Pero el paso decisivo fue dado en relación con las *finanzas* del príncipe. Los obstáculos surgidos de las reformas administrativas del emperador Max[4] nos permiten comprender cuán difícil fue para los funcionarios prescindir con éxito del príncipe en este campo, aún bajo la presión de una emergencia extrema y la amenaza turca. La esfera de las finanzas era la que menos podía soportar el diletantismo de un príncipe que por entonces era ante todo un caballero. El desarrollo de la técnica militar reclamaba la presencia de un oficial experto y especializado; la diferenciación del procedimiento legal exigía un jurista competente. En estos tres campos —las finanzas, la guerra y el derecho—, los funcionarios de carrera triunfaron definitivamente en los Estados más adelantados en el curso del siglo XVI. Con la afirmación del absolutismo de los príncipes sobre los "estados", se produjo simultáneamente una abdicación gradual del dominio autocrático de los príncipes en favor de los funcionarios expertos que habían contribuido precisamente a la victoria de los príncipes sobre los estamentos.

Al mismo tiempo que este ascenso de los funcionarios calificados se puede observar también —aunque las transiciones sean aquí menos perceptibles— el desarrollo del "jefe político". Es evidente que desde todos los tiempos y en todo el mundo existieron consejeros de los príncipes, que

---

4 El emperador Guillermo I (1493-1519).

tenían frente a ellos una gran autoridad. En Oriente, la necesidad de aliviar lo más posible al Sultán de su responsabilidad personal por el éxito del gobierno ha creado la figura típica del "Gran Visir". En Occidente, en la época de Carlos V — que fue también la época de Maquiavelo— la influencia ejercida por la lectura apasionada de los informes de los enviados venecianos sobre los círculos especializados de la diplomacia, tuvo por resultado hacer de la actividad diplomática un arte de *conocedores*. Los adeptos a este nuevo arte, cuya educación era principalmente humanista, se consideraban entre sí como iniciados, semejantes a los estadistas y humanistas chinos de la última etapa de las dinastías guerreras. Pero fue la evolución política de los regímenes hacia el constitucionalismo quien hizo sentir de manera efectiva y urgente la necesidad de una orientación formalmente unificada del conjunto de la política, comprendida la política interior, bajo la dirección de un único estadista. Es cierto que siempre existieron personalidades individuales que ocuparon el puesto de consejeros y a veces hasta oficiaron de guías de los príncipes. Sin embargo, la organización de los poderes públicos aún en los Estados más evolucionados se había encauzado por una vía distinta de la aquí indicada. En efecto, vemos constituirse primeramente un cuerpo administrativo supremo de carácter colegiado. En teoría, pero cada vez menos frecuentemente en la práctica, estos organismos se reunían bajo la presidencia personal del príncipe que era el único en adoptar decisiones. Por medio de ese sistema colegiado, que daba lugar a informes, contra informes y votos motivados de la mayoría y la minoría, y rodeándose además de personas de su confianza —el "gabinete"— por cuya mediación tomaba sus decisiones con respecto a las resoluciones del Consejo de Estado (o como se llamara el máximo organismo del Estado), el príncipe, relegado cada vez más a la situación de un diletante, trató de librarse del peso inevitablemente creciente de los funcionarios especializados y calificados y mantener en sus manos la dirección suprema. Por todas partes encontramos esta lucha latente entre los funcionarios especializados y la autocracia del príncipe.

Las cosas no se modificaron hasta la aparición de los parlamentos y las aspiraciones políticas de los jefes de los partidos parlamentarios. Condiciones muy diferentes produjeron un resultado exterior idéntico, aunque por supuesto con algunas diferencias. Donde quiera que las dinastías retenían el poder real en sus manos —como ocurría, especialmente, en Alemania— los intereses del príncipe se unían a los de los funcionarios *contra* el parlamento y sus pretensiones de poder. Los funcionarios estaban interesados también en obtener posiciones dominantes, es decir, ministeriales, para los miembros de sus filas, haciendo así de esas posiciones un objeto de la carrera oficial. Al monarca, por su parte, le interesaba poder nombrar a los ministros a su gusto de entre las filas de los funcionarios que le eran leales. Ambas partes, no obstante, tenían interés en que la dirección política se enfrentara al parlamento en una forma unificada y solidaria, o sea que el sistema colegiado fuera sustituido por una sola cabeza del gabinete. Además, para mantenerse formalmente al margen de la lucha de partidos y de los ataques de los mismos contra el gobierno, el monarca necesitaba a una sola personalidad para que lo cubriera y asumiera la responsabilidad, es decir, para que respondiera al parlamento y negociara con los partidos. Todos estos intereses obraron conjuntamente en la misma dirección y surgió un ministro para dirigir a los funcionarios de una manera unificada.

Donde el parlamento ganó supremacía sobre el monarca —como en Inglaterra— el desarrollo del poder parlamentario funcionó con mayor fuerza aún en el sentido de una unificación del aparato estatal. En Inglaterra, el "gabinete", teniendo a la cabeza un dirigente parlamentario único, el "líder", adquirió la forma de un comité del *partido* que en cada caso controlaba la mayoría. El poder de este partido era ignorado por el derecho oficial pero, de hecho, sólo él era políticamente decisivo. Los cuerpos colegiados oficiales como tales no eran órganos del poder realmente dominante, el partido, y, por tanto, no podían ser los representantes del gobierno real. Antes bien, el partido dominante necesitaba, para afirmar su poder en el interior y poder practicar una política exterior de envergadura, un órgano combativo, compuesto *exclusivamente* de sus hombres realmente representativos y que actuaran confidencialmente. Y esto es precisamente el gabinete. No obstante, en relación con el público, especialmente con el público parlamentario, el partido necesitaba un líder responsable de todas las decisiones: la cabeza del gabinete. El sistema inglés ha sido adoptado en el Continente bajo la forma de ministerios parlamentarios. Sólo en los Estados Unidos y en las democracias por ellos influidas se opuso a este sistema otro bastante heterogéneo. El sistema norteamericano colocaba al líder del partido victorioso, electo directa y popularmente, a la cabeza del aparato de funcionarios designados por él y los limitaba a la aprobación del "parlamento" sólo en cuestiones presupuestarias y legislativas.

La evolución que transformó a la política en una "empresa" exigía una formación especial de quienes participan en la lucha por el poder y que aplican los métodos desarrollados por la práctica política moderna. Concluyó en una división de los funcionarios en dos categorías: de un lado los funcionarios de carrera y del otro los funcionarios "políticos". Esta distinción no es radical, pero sí lo suficientemente neta para distinguirlas. Los funcionarios "políticos" en el verdadero sentido de la palabra son por lo general reconocibles exteriormente por el hecho de que se los puede transferir en cualquier momento a voluntad o por lo menos "colocarlos en disponibilidad", como ocurre con los prefectos en Francia o con los funcionarios del mismo tipo en otros países. Esta situación es radicalmente diferente de la que mantienen los funcionarios judiciales que son "inamovibles". En Inglaterra pertenecen a la categoría de funcionarios políticos todos aquellos que de acuerdo con una convención establecida se retiran del cargo cuando hay un cambio en la mayoría parlamentaria y, en consecuencia, un cambio en el gabinete. Entre ellos se encuentran habitualmente algunos cuya competencia incluye el manejo de la "administración interior" en general. El elemento "político" consiste, sobre todo, en la tarea de mantener "la ley y el orden" en el país, manteniendo, pues, las relaciones de fuerza existentes. En Prusia, de acuerdo con el decreto de Puttkamer[5], los funcionarios estaban obligados bajo la amenaza de la censura a "defender la política del gobierno" y al igual que los prefectos en Francia eran utilizados como aparato oficial para influir en las elecciones. La mayoría de los funcionarios "políticos" del sistema alemán —contrariamente a lo que ocurre en otros países— estaban sometidos a una regla que valía para el conjunto de los funcionarios, a saber que el acceso a las funciones administrativas requería una educación universitaria, exámenes profesionales y servicio especial preparatorio. En Alemania, sólo los jefes del aparato político, los ministros, están exceptuados de ese carácter específico del servicio civil moderno. Aún bajo el antiguo régimen se podía ser ministro prusiano de educación sin haber asistido jamás a un instituto de enseñanza superior; mientras que en principio, se podía llegar a ser *Vortragender Rat*[6] sólo a través de un examen determinado. El especialista y entrenado *Dezerment*[7] y el *Vortragender Rat* estaban, por supuesto, infinitamente mejor informados sobre los problemas técnicos reales del departamento que sus superiores. Tal es lo que ocurría cuando Althoff[8] ocupaba el Ministerio de Educación prusiano. En Inglaterra la situación no era diferente.

---

5 Puttkamer (1828-1900), uno de los jefes del partido conservador, ministro de Cultos, luego ministro del Interior del gobierno prusiano de la época de Bismarck.
6 Un alto puesto ministerial a cargo de una división especial, en relación con la cual tenía que dar informes regulares.
7 Jefe de una división administrativa en un ministerio.
8 Althoff (1839-1909), antiguo director de Cultos y de Enseñanza en Alsacia y Lorena y posteriormente ministro de Cultos y de Instrucción en Prusia.

En consecuencia, en todas las cuestiones de rutina el jefe de departamento era más poderoso que el ministro, lo que no dejaba de ser justificado. El ministro era simplemente el representante de la constelación política en el poder; tenía que representar a los poderosos grupos políticos y tener en cuenta las proposiciones de sus funcionarios especializados y dar a sus subordinados las directivas políticas conformes a la línea del partido.

Después de todo, en una empresa económica privada las cosas son muy semejantes: el verdadero "soberano", es decir la junta de accionistas, tiene tan poca influencia en la administración de los negocios como un "pueblo" gobernado por funcionarios expertos. Y los personajes que deciden la política de la empresa, los miembros del "directorio" controlado por los bancos, dan sólo órdenes económicas directivas y seleccionan a las personas que han de desempeñar la administración, sin que ellos mismos sean capaces de dirigir técnicamente la empresa. Así, la estructura actual del Estado revolucionario no significa nada nuevo en principio. Abandona la dirección de la administración en manos de *diletantes* absolutos que, en virtud de su control de las armas, quieren utilizar a los funcionarios expertos sólo como meros agentes ejecutivos. Las dificultades del sistema actual residen en otra parte, pero por el momento no nos ocuparemos de ellas.

Buscaremos, más bien, la peculiaridad típica de los políticos profesionales, de los "líderes" así como de sus partidarios. Su naturaleza ha cambiado y hoy varía mucho de un caso a otro.

Hemos visto que en el pasado los "políticos profesionales" aparecieron en el período de la lucha del príncipe contra los estamentos y que se colocaron al servicio de los primeros. Examinemos brevemente los principales tipos de estos políticos profesionales.

Para luchar contra los estamentos el príncipe se apoyó en las capas sociales políticamente disponibles que no estaban integradas en un estamento. Pertenecían en primer lugar a esta categoría los clérigos, tanto en las Indias occidentales y orientales como en China y Japón, en la Mongolia lamaísta como en los países cristianos de la Edad Media. Y había una razón técnica para ello: sabían escribir. Se recurrió a los brahmanes, a los sacerdotes budistas, a los lamas o a los obispos y sacerdotes para convertirlos en consejeros políticos porque se encontraban en ellos un potencial administrativo capaz de escribir y susceptible de ser utilizado por el emperador, los príncipes o el Khan, en la lucha contra la aristocracia. A diferencia del vasallo que tenía que hacer frente a su señor, el clero, especialmente el clero que practicaba el celibato, quedaba fuera de la maquinaria de los intereses políticos y económicos normales y no se sentía tentado a intervenir en la lucha por el poder político en su favor o en el de sus descendientes. En virtud de su propio estatus, el clero estaba "separado" de los elementos directivos de la administración del príncipe.

Los literatos de formación humanista constituían la segunda categoría. Hubo una época en que se aprendía a escribir discursos en latín y versos en griego para convertirse en consejero político y sobre todo historiógrafo político de un príncipe. Fue la época del primer florecimiento de las escue-

las humanistas y de las fundaciones reales de cátedras de "poética". Fue para nosotros una época
transitoria que tuvo una influencia bastante persis-
tente en nuestro sistema educativo, aunque no
provocara consecuencias profundas en la política.
En extremo Oriente los casos ocurrieron de
manera distinta. El mandarín chino es, o mejor
dicho, fue originariamente un fenómeno parecido
al humanista de nuestro Renacimiento: un letrado
con formación humanista y versado en los monumentos lingüísticos del pasado remoto. Cuando se
leen los diarios de Li Hung Chang se encuentra
que tenía un gran orgullo por haber compuesto
poemas y ser un buen calígrafo. Esta capa social
de mandarines, con sus convenciones desarrolladas y modeladas de acuerdo con la Antigüedad
china, ha determinado todo el destino de China;
quizás nuestra suerte habría sido semejante si los
humanistas hubieran tenido, en su época, la menor
oportunidad de adquirir semejante influencia.

La tercera categoría estaba formada por la
nobleza cortesana. Después que los príncipes
lograron expropiar el poder político a la nobleza
en tanto estamento, atrajeron a los nobles a la
corte y los utilizaron en su servicio político y
diplomático. La transformación de nuestro sistema educativo en el siglo XVII fue determinada, en
parte, por el hecho de que los nobles cortesanos
como políticos profesionales desplazaron a los
humanistas letrados y entraron al servicio de los
príncipes.

La cuarta categoría fue una institución específicamente inglesa. Se desarrolló allí un estrato de
patricios que comprendía a la pequeña nobleza y a

los rentistas urbanos; técnicamente se les designaba *gentry*. La *gentry* inglesa representó un estado que el príncipe atrajo originariamente para contrarrestar a los barones. El príncipe colocó a este estrato en posesión de los cargos de *self-government*, pero con el tiempo cayó de más en más bajo la dependencia de esta capa social. La *gentry* se mantuvo en posesión de todos los cargos de la administración local, aceptándolos sin compensaciones, en interés de su propio poder social. La *gentry* salvó a Inglaterra de la burocratización que ha sido el destino de todos los Estados del Continente.

Una quinta categoría, la de los juristas formados en la Universidad, es peculiar de Occidente especialmente del continente europeo, y tuvo una importancia decisiva para toda la estructura política del continente. La formidable influencia póstuma del derecho romano bajo la forma que le había dado el Estado burocrático romano de los últimos tiempos, se refleja claramente en el hecho de que, en todas partes, la revolución de la administración pública hacia una forma estatal racional ha sido ejecutada por juristas destacados. Esto ocurrió también en Inglaterra, aunque allí los grandes gremios nacionales de juristas obstaculizaron la recepción del derecho romano. No hay analogía con este proceso en ninguna otra parte del mundo.

Los ensayos de pensamiento jurídico racional en la Escuela india de Mimansa y todo el cultivo posterior del antiguo pensamiento jurídico en el Islam han sido incapaces de evitar la contaminación de su pensamiento jurídico racional con formas de pensamiento teológicas. Ninguna de estas dos corrientes fue capaz de racionalizar el procedimiento de juicio legal. Esta racionalización se ha producido en el continente europeo sólo a través de la influencia de la antigua jurisprudencia romana sobre los juristas italianos. La jurisprudencia romana es el producto de una estructura política absolutamente única que se elevaba del Estado-ciudad al dominio del mundo. El *usus modernus* de los juristas estudiosos de las pandectas y del derecho canónigo de la Baja Edad Media se mezcló con teorías de derecho natural nacidas del pensamiento jurídico cristiano y después secularizadas. Este racionalismo jurídico había tenido sus más grandes representantes en el *podestá* italiano, en los juristas franceses de la corona (que crearon los medios formales para minar el poder de los señores en beneficio del poder real), los especialistas en derecho canónigo y teólogos de los concilios eclesiásticos (pensando en términos de derecho natural), los juristas de la corte y los jueces académicos de los príncipes europeos, los maestros holandeses de derecho natural y los "monarcomaquistas", los juristas ingleses de la corona y del parlamento, la *noblesse de robe* del Parlamento francés y, finalmente, en los abogados de la época de la Revolución Francesa.

Sin este racionalismo jurídico, el auge del Estado absoluto es tan poco imaginable como la Revolución. Si se revisan las amonestaciones de los Parlamentos franceses o los *cahiers* de los Estados Generales desde el siglo XVI hasta el año 1789, se encontrará siempre espíritu de los juristas. Y si se examina la composición ocupacional de los miembros de la Asamblea Francesa, se encontrará —aunque sus miembros eran elegidos mediante sufragio igualitario— un solo proletario, muy pocos empresarios burgueses, pero juristas de todas clases, en *masse*. Sin ellos sería inconcebible la mentalidad específica que inspiraba a estos intelectuales radicales y a sus proyectos. Desde la Revolución Francesa el abogado moderno y la democracia están íntimamente ligados.

Por otra parte, sólo en Occidente se encuentra la figura del abogado en el sentido específico de una capa social independiente y desarrollada desde la Edad Media, a partir del "defensor" del procedimiento formalista legal germánico, bajo la influencia de una racionalización del juicio.

La importancia del abogado en la política occidental desde el surgimiento de los partidos no es accidental. El manejo de la política a través de los partidos significa simplemente su manejo a través de grupos de intereses. Veremos pronto lo que esto significa. El oficio del abogado es sostener con eficacia la causa de clientes interesados. En esto el abogado es superior a cualquier "funcionario". Puede, por supuesto, abogar y ganar una causa apoyado por argumentos lógicamente débiles y tratándose de una causa que, en este sentido, es "débil". No obstante, gana porque técnicamente fabrica un "caso sólido". Pero sólo el abogado sostiene una causa que puede ser apoyada por argumentos lógicamente sólidos, manejando "bien" una "buena" causa. Con mucha frecuencia, el funcionario del servicio civil, como político, convierte una causa buena en todo sentido en una causa "débil", usando argumentos técnicamente "débiles". Esto lo enseña la experiencia. En un grado notable, la política en la actualidad se hace de hecho en público, mediante la palabra hablada o escrita. Pesar el efecto de la palabra con justeza cae dentro del campo de las tareas del abogado; pero no en el campo del funcionario del servicio civil. Éste no es un demagogo, ni es su propósito serlo. Si no obstante se esfuerza por serlo, suele convertirse por lo regular en un mal demagogo.

El verdadero funcionario —y esto es decisivo para valorar nuestro último régimen[9]— no debe hacer política, justamente en virtud de su profesión, debe "administrar" y ante todo, de modo imparcial. Esto es válido, al menos oficialmente, para los llamados funcionarios administrativos "políticos" en la medida en que la *raison d'etat*, es decir los intereses vitales del grupo gobernante, no estén en cuestión. Debe administrar su cargo *sine ira et studio*, "sin cólera ni prejuicio". En consecuencia, no debe hacer precisamente lo que el político, el líder y sus partidarios deben hacer siempre necesariamente, es decir *combatir*.

Tomar una posición, ser apasionado —*ira et studium*— es el elemento del político y sobre todo el elemento del líder político. Su conducta está sujeta a un principio de responsabilidad muy diferente en verdad, exactamente opuesto, al del funcionario del servicio civil. El honor del funcionario descansa en su habilidad para ejecutar cuidadosamente la orden de las autoridades superiores, exactamente como si la orden estuviera de acuerdo con sus propias convicciones. Esto es válido inclusive si la orden le parece errónea y si, a pesar de las réplicas del funcionario, la autoridad insiste en ella.

9 Weber se refiere al régimen imperial alemán y particularmente a la época de Guillermo II.

Sin esta disciplina moral y auto-negación, en el más alto sentido, todo el aparato se desplomaría. Sin embargo, el honor del líder político, del estadista, reside precisamente en una *responsabilidad exclusivamente personal* por lo que él hace, una responsabilidad que no puede ni debe rechazar ni transferir. Corresponde a la naturaleza de los funcionarios de alto valor moral ser malos políticos y, sobre todo, en el sentido político de la palabra, ser políticos irresponsables. En este sentido, son políticos de bajo nivel moral, como los hemos tenido una y otra vez, desgraciadamente, en posiciones dirigentes. Es lo que hemos llamado *Beamtenherrschaft* [régimen de funcionarios] y en verdad, nada mancha el honor de nuestros funcionarios si revelamos lo que es políticamente erróneo en el sistema, desde el punto de vista del éxito. Pero volvamos a los tipos de figuras políticas.

Desde los tiempos del Estado constitucional, y definitivamente, desde que se estableció la democracia, el "demagogo" ha sido el líder típico de Occidente. El desagradable sabor de la palabra no debe hacernos olvidar que no fue Cleon, sino Pericles, el primero en llevar el nombre de demagogo. En contraste con los cargos de la antigua democracia que eran cubiertos por la suerte, Pericles condujo a la *ekklesia* soberana del *demos* de Atenas, como supremo estratega, desempeñando el único cargo electivo o sin desempeñar cargo alguno. La demagogia moderna se sirve también de la oratoria aún en tremenda medida, si se consideran los discursos electorales que debe pronunciar un candidato moderno. Pero el uso de la palabra escrita es más durable. El publicista político y sobre todo, el periodista, es hoy el representante más importante de la especie del demagogo.

Dentro de los límites de esta conferencia, es imposible bosquejar siquiera la sociología del periodismo político moderno[10] que constituye en todos sus aspectos un capítulo en sí mismo. Realmente, sólo algunas cosas que le conciernen podremos analizar aquí. En común con todos los demagogos e incidentalmente con el abogado (y el artista), el periodista comparte la suerte de carecer de una clasificación social determinada. Esto al menos es lo que sucede en el continente europeo, a diferencia de las condiciones inglesas y también de las antiguas condiciones de Prusia. El periodista pertenece a una especie de casta de parias, estimada siempre por la "sociedad" en términos de su representante más bajo desde el punto de vista ético. Por tanto, se tienen las nociones más extrañas acerca de los periodistas y su labor. No todo el mundo comprende que una labor periodística realmente buena requiere tanta "inteligencia" como cualquier otra labor intelectual y muy frecuentemente se olvida que se trata de una labor sobre el terreno, por encargo, a la que es preciso dar una eficacia inmediata. Casi nunca se reconoce que la responsabilidad del periodista es mucho mayor y que el sentido de responsabilidad de todo periodista honorable es, en general, nada inferior al del intelectual, y a veces, como lo ha mostrado

10 Max Weber esbozó las grandes líneas de una sociología del periodismo en una comunicación que efectuara en el primer congreso de sociólogos alemanes de Francfort en 1910. Las partes esenciales de dicha exposición fueron incluidas en los *Gesammelte Aufsätze zur Soziologie und Sozialpolitik*, pp. 434 a 441.

la guerra, hasta más alto. El descrédito en que ha caído el periodismo se explica por el hecho de que guardamos en la memoria las explosiones de ciertos periodistas desprovistos de toda clase de responsabilidad y que ejercieron frecuentemente una influencia deplorable.

Nadie cree que la discreción de un verdadero periodista esté por encima de las demás gentes y sin embargo, así sucede. Las tentaciones incomparablemente más graves y las otras condiciones que acompañan al trabajo periodístico en nuestra época producen los resultados que han llevado al público a considerar a la prensa con una mezcla de desdén y de penosa cobardía. Hoy no podemos analizar qué debe hacerse. Aquí nos interesa el problema del destino *político* reservado a los periodistas y de las oportunidades que se les ofrecen de obtener una posición de dirección política. Hasta ahora, el periodista ha tenido oportunidades favorables sólo en el Partido social-demócrata. Dentro del partido, los puestos de redactores han tenido predominantemente la naturaleza de posiciones oficiales, pero no constituyeron un trampolín para acceder a posiciones de dirección.

En los partidos burgueses las oportunidades de ascenso al poder político por este camino han empeorado en comparación con las de la última generación. Naturalmente, todo político de importancia ha necesitado influir a la prensa y, por tanto, ha debido tener relaciones con ella. Pero que los líderes de partidos surjan de las filas de la prensa ha sido un hecho absolutamente excepcional y no debería esperarse que se repita. La razón descansa en la "no-disponibilidad" fuertemente acentuada del periodista, sobre todo del periodista sin fortuna personal y limitado por tanto a su profesión. Esta dependencia está determinada por la intensidad y el ritmo tremendamente acrecentado de las operaciones periodísticas. La necesidad de ganarse la vida escribiendo artículos diarios o, cuando menos, semanales, pesa como plomo en los pies de los políticos. Conozco casos en que líderes naturales se han visto permanentemente paralizados en su ascenso al poder, materialmente y sobre todo moralmente, por esta obligación. Las relaciones de la prensa con los poderes dominantes en el Estado y en los partidos en el régimen anterior, actuaban en detrimento del nivel del periodismo; pero esto es capítulo aparte. Estas condiciones variaban en los países de nuestros opositores [los Aliados]. Pero también allí y en todos los Estados modernos, se puede constatar que el periodista gana cada vez menos, mientras que el magnate capitalista de la prensa —del tipo de Lord Northcliffe por ejemplo— gana más y más influencia política.

Hasta aquí, no obstante, nuestras grandes empresas periodísticas capitalistas, que han logrado el control especialmente sobre los "periódicos de la cadena" publicando "solicitadas", han sido por regla general las típicas propagadoras de la indiferencia política. Habían advertido que no podían extraerse ganancias de una política independiente y sobre todo que no podía obtenerse una beneficiosa benevolencia de los poderes dominantes. El negocio de la publicidad es también un camino por el que se ha tratado, durante la guerra, de influir políticamente a la prensa en gran estilo; un intento que aparentemente se considera conveniente seguir ahora. Aunque puede esperarse que los grandes periódicos escapen a esta presión, la situación de los pequeños será aún más difícil. De todas maneras, la carrera periodística no es por el momento entre nosotros un camino normal para el ascenso de los líderes políticos, cualquiera sea la atracción que el periodismo pueda tener y cualquiera sea el campo de influencia, de acción y especialmente de responsabilidad política que pueda abrir a quienes desean encararla. Hay que esperar y observar. Quizás el periodismo no tiene ya esta función, o quizás no la tiene todavía. Es difícil determinar si el abandono del principio de anonimato exigido por muchos periodistas —no por todos, es cierto— es susceptible de modificar la situación. La experiencia que hemos podido hacer con la prensa alemana durante la guerra, a propósito de los periódicos que habían confiado los puestos de jefes de redacción a escritores dotados de una gran personalidad y que se comprometían expresamente con sus firmas, ha mostrado desgraciadamente en algunos casos bien conocidos que no es seguro que exista una mayor conciencia de la responsabilidad como podría creerse. Fueron sin distinción de partidos los llamados periódicos de información, notoriamente los más infectos, los que se esforzaron por utilizar este método para aumentar el tiraje y lograr triunfar en la competencia. Los editores y los periodistas sensacionalistas han ganado fortunas, pero en verdad no el honor. Nada hay aquí contra el principio de fomentar las ventas; se trata de un problema complejo y el fenómeno del sensacionalismo irresponsable no es válido en general. Pero hasta ahora, el sensacionalismo no ha sido el camino para formar jefes verdaderos y políticos que tengan el sentido de la responsabilidad. Queda por ver cómo se desarrollarán posteriormente estas condiciones. No obstante, la carrera de periodista sigue siendo, en cualquier circunstancia, uno de los caminos más importantes de la actividad política profesional. No es un camino para todos y menos para los caracteres débiles, especialmente para aquellos que sólo pueden conservar su equilibrio interior con una posición segura. Si la vida de un joven intelectual está expuesta al azar en todos sus aspectos, también está rodeada de ciertas convenciones sociales sólidas respecto al estatus que la protegen contra los tropiezos y las caídas. Pero la vida del periodista es un juego absoluto en todos los sentidos y en condiciones que ponen a prueba la propia seguridad interna, de una manera que difícilmente ocurre en cualquier otra situación. Las experiencias frecuentemente amargas de la vida no son quizás las peores. Son precisamente los periodistas de éxito quienes se ven obligados a enfrentar exigencias muy crueles para su persona. En verdad, no es fácil frecuentar los salones de los poderosos en un plano aparentemente igualitario y ser elogiado por todos porque se es temido, sabiendo, sin embargo, que apenas se retira, el huésped tendrá quizás que justificar ante sus invitados su relación con los "basureros de la prensa". Además, no es fácil expresarse con prontitud y convincentemente acerca de todas las cuestiones que reclama el "mercado" y sobre todos los problemas imaginables de la vida sin volverse absolutamente vacío, y sobre todo, sin perder la propia dignidad demostrando pobreza de espíritu. No es sorprendente que muchos periodistas se hayan convertido en fracasos humanos, en hombres sin valor alguno; lo sorprendente es que, a pesar de todo, esta categoría incluya un gran número de hombres de auténtico valor y totalmente honestos, hecho que los profanos no adivinarían fácilmente.

Si el periodista como tipo de político profesional se remonta a un pasado considerable, la figura del funcionario de partido apareció sólo en el transcurso de las últimas décadas y, en parte, en los años más recientes. Para comprender el desarrollo histórico de este nuevo tipo es necesario examinar primero la organización de los partidos políticos.

En todas las asociaciones políticas de cierta amplitud —es decir asociaciones que van más allá de la esfera y campo de las tareas de los pequeños distritos rurales— en las que se eligen periódicamente los titulares del poder, la empresa [*Betrieb*] política es administrada necesariamente por hombres interesados en la política. Esto significa que un número relativamente pequeño de hombres interesados por sobre todo en la vida política y deseosos de participar en el poder reclutan libremente a sus partidarios, se presentan a sí mismos o a sus protegidos como candidatos a la elección, reúnen los medios financieros y se lanzan a la caza del voto. Está excluido que se puedan organizar prácticamente las elecciones en los agrupamientos políticos sin esta suerte de organización. Ello significa en la práctica la división de los ciudadanos con derecho a votar en elementos políticamente activos y políticamente pasivos. Esta diferencia se basa en actitudes voluntarias y, por tanto, no puede abolirse con medidas como la votación obligatoria, o la representación de "grupos profesionales" o no importa cual otro medio destinado formal o efectivamente a hacer desaparecer dicho estado de cosas y el dominio de los políticos profesionales. La dirección activa y los partidarios reclutados libremente son los elementos necesarios en la vida de cualquier partido. Los partidarios, y a través de ellos, el electorado pasivo, son necesarios para la elección del líder. Pero la misma estructura de los partidos puede variar. Los "partidos" de las ciudades medievales, por ejemplo los Güelfos y Gibelinos, eran simples grupos personales. Si se consideran los *Statuto della parte Guelfa*, las confiscaciones de los *Nobili* —que comprendían originariamente a todas aquellas familias que vivían una vida caballeresca y que, por tanto, merecían feudos— o también la exclusión de los cargos oficiales y la negación del derecho de votar, o finalmente, si se considera la estructura de los comités interregionales de los partidos, sus organizaciones estrictamente militares y las recompensas dadas a los informadores, no se puede dejar de pensar en el bolchevismo, en su organización militar —y sobre todo en Rusia— en sus organizaciones de espías asomadas a los postigos, en la decadencia jurídica de los "burgueses" con la privación de sus derechos políticos y la confiscación de sus bienes, en síntesis, en la eliminación de los empresarios, comerciantes, rentistas, clérigos, descendientes de la dinastía y jefes de la antigua policía. Esta analogía es aún más notoria si se considera que la organización militar del partido medieval constituía un ejército de caballeros —organizado sobre la base de los estamentos feudales registrados— y que los nobles ocupaban casi todas las posiciones dirigentes y que por otra parte los Soviets han preservado, o mejor, introducido el empresario altamente pagado, el trabajo en cadena, el sistema Taylor, la disciplina militar y de taller y hasta la búsqueda de capital extranjero. En una palabra, los soviéticos han tenido que aceptar de nuevo absolutamente todas las cosas que el bolchevismo había combatido como instituciones burguesas de clase. Han tenido que hacerlo para que sigan funcionando el Estado y la economía. Además, los soviets han instituido nuevamente a los agentes de la antigua *Ojrana* [policía secreta zarista] como el principal instrumento del poder del Estado. Pero aquí no nos toca ocuparnos de estas organizaciones basadas en la violencia, sino más bien de los políticos profesionales que buscan el poder mediante sobrias y "pacíficas" campañas de partido en el mercado de votos de las elecciones.

En el sentido corriente entre nosotros, los partidos fueron en un principio, como en Inglaterra, simples grupos de partidarios de la aristocracia. Si por cualquier razón un par cambiaba de partido, todos los que dependían de él cambiaban igualmente. Hasta el *Reform Bill* [de 1831], las grandes familias nobles y en último término, aunque no en importancia, el rey, controlaban un inmenso número de municipios electorales. Los partidos de notables que se desarrollaron más tarde con el ascenso político de la burguesía tenían todavía una estructura bastante similar a la de los partidos de la nobleza. Los medios sociales que poseían "fortuna y educación", animados y dirigidos por los típicos estratos intelectuales de Occidente, se dividieron en diferentes fracciones, en parte por intereses de clase, en parte por tradiciones familiares o por razones puramente ideológicas, y constituyeron partidos políticos en los que conservaron su dirección. Los clérigos, maestros, profesores, abogados, médicos, farmacéuticos, campesinos prósperos, fabricantes —en Inglaterra todo el estrato social que se consideraba perteneciente a la clase de los *gentlemen*— constituyeron inicialmente asociaciones políticas ocasionales, o cuanto más clubes políticos locales. En tiempos de intranquilidad se ve aparecer en la escena política a la pequeña burguesía y a veces hasta al proletariado; pero faltaba aún que esas capas sociales más recientes encontraran un jefe que, por lo general, no surge de su medio. En esta fase no existían todavía los partidos organizados regionalmente que se apoyasen en asociaciones permanentes del interior del país. No existía otra cohesión política que la creada por los parlamentarios; sin embargo, los notables locales jugaban un rol decisivo en la elección de los candidatos. Los programas estaban constituidos en parte por las promesas de los candidatos, en parte por las resoluciones de las reuniones de notables o de las fracciones parlamentarias. Sólo accesoriamente y a título puramente honorífico un responsable consagraba parte de su tiempo libre a la dirección de un club. En las localidades donde no existían clubes (que era el caso más frecuente), la actividad política estaba totalmente desorganizada hasta entre las raras personas que se interesaban normalmente y de manera continua en los asuntos del país. Sólo el periodista era un político profesional pagado; al lado de las sesiones parlamentarias la administración del periódico era la única organización política permanente. Sin embargo, los líderes parlamentarios y los jefes de los partidos sabían perfectamente a qué notables locales debía acudirse el día que se deseaba realizar una acción política. Las asociaciones permanentes de los partidos existían solamente en las grandes ciudades, con modestas contribuciones de sus miembros y conferencias periódicas y reuniones públicas, en las que el diputado rendía cuenta de su mandato. El partido tenía vida sólo durante el período electoral.

Los miembros del parlamento están interesados en la posibilidad de compromisos electorales entre las distintas circunscripciones, en programas vigorosos y unificados suscritos por círculos amplios y en una agitación unificada a través del país. En general, estos intereses forman la fuerza que impulsa a una organización de partido que se hace más y más cohesionada. En principio, no obstante, la naturaleza de un aparato de partido como asociación de notables permanece invariable. Esto ocurre así, aunque una red de afiliaciones locales del partido y de agentes se extienda en todo el país, incluyendo las ciudades medianas. Un miembro del grupo parlamentario actúa como líder de la oficina central del partido y sostiene correspondencia constante con las organizaciones locales. Fuera de los empleados de la oficina central faltan todavía los funcionarios remunerados, pues todas las asociaciones locales están dirigidas políticamente por personas "respetables" en virtud de la estima de que gozan. Constituyen los "notables" extra-parlamentarios, que ejercen influencia al lado del estrato de notables políticos que toman asiento en el parlamento. La correspondencia editada por el partido brinda cada vez más un alimento intelectual para la prensa y las reuniones locales. Las contribuciones regulares de los miembros se hacen indispensables; parte de ellas deben cubrir los gastos del organismo central del partido.

No hace mucho la mayoría de las organizaciones de los partidos alemanes estaban todavía en esta etapa de desarrollo. En Francia, permanecen aún en la primera etapa y son muy inestables las ligazones entre los parlamentarios y el pequeño número de notables locales. En el campo, encontramos un pequeño número de notables locales y de programas redactados por los candidatos y elaborados para ellos por sus patrocinadores en campañas específicas para la obtención de los cargos. De una u otra forma estas plataformas constituyen adaptaciones locales de las resoluciones y programas de los grupos parlamentarios. Este sistema fue modificado sólo parcialmente. El número de políticos profesionales de "dedicación exclusiva" era pequeño y comprendía principalmente a los diputados electos, los pocos empleados de las oficinas centrales del partido y los periodistas. En Francia, el sistema ha incluido también a los cazadores de puestos que poseían un "cargo político" o por el momento lo buscaban. La política era formalmente y en mucho de manera predominante, una ocupación. El número de delegados capacitados para los cargos ministeriales era también muy limitado y, por su posición de notables, también lo era el número de candidatos en las elecciones.

Sin embargo, el número de los que indirectamente participaban en el manejo de la política, especialmente en su aspecto material, era muy grande, porque todas las medidas administrativas de un departamento ministerial y en especial todas las decisiones sobre asuntos personales, se tomaban en parte con vistas a su influencia sobre las próximas elecciones. La realización de toda clase de favores se buscaba a través de la mediación del diputado local. De buen o mal grado el ministro tenía que prestar oído a este diputado sobre todo si él pertenecía a su mayoría. Por esta razón cada diputado buscaba esa influencia. El diputado controlaba la distribución de los cargos y, en general, cualquier clase de patrocinio en su distrito electoral. Para ser reelegido como delegado debía mantener conexiones con los notables locales.

Así pues, las formas más modernas de organización política contrastan agudamente con este estado idílico en el que gobiernan los círculos de notables y, sobre todo, los miembros del parlamento. Estas formas modernas son hijas de la democracia, del sufragio en masa, de la necesidad de atraer y organizar a las masas y desarrollar la mayor unidad de dirección, así como la disciplina más estricta. Cesa el dominio de los notables y la dirección por los miembros del parlamento. Los políticos "profesionales", *fuera* de los parlamentos, se encargan de la organización y lo hacen o bien como "empresarios" —el *boss* americano y el agente electoral inglés son, de hecho, estos empresarios—, o como funcionarios con un salario fijo. Formalmente, tiene lugar una democratización de gran alcance. El partido "parlamentario" no crea programas autoritarios y los notables locales no deciden ya la selección de candidatos. Son las asambleas de miembros del partido organizadas quienes seleccionan a los candidatos y delegan representantes a las asambleas de más alto nivel. Probablemente hay varias convenciones que conducen a la convención nacional del partido. En los hechos, el poder reside realmente en manos de aquellos que dentro de la organización trabajan en forma *permanente*, o también en manos de personalidades que dominan la organización a la manera de mecenas o de jefes de poderosos clubes políticos de intereses del tipo *Tammany Hall*. Es decisivo que este aparato de personas —llamado característicamente "máquina" en los países anglosajones— o más bien los que dirigen la organización, controlen a los miembros del parlamento. Están en condiciones de imponer su voluntad, en gran medida, y esto es de importancia especial para la selección del líder del partido. El hombre a quien sigue la máquina se convierte ahora en líder, aún por encima del Parlamento. En otras palabras, la creación de estas máquinas significa el advenimiento de la democracia *plebiscitaria*.

Los militantes del partido, especialmente los funcionarios y los empresarios esperan una compensación personal de la victoria de su líder, es decir cargos y otras ventajas. Es decisivo que esperen esas ventajas de su líder y no simplemente del miembro individual del parlamento. Esperan que el efecto demagógico de la *personalidad* del líder durante la lucha electoral del partido aumente los votos y mandatos y por este medio el poder, y en lo posible, extienda las oportunidades de los militantes para obtener la compensación que esperan. Idealmente, uno de sus motivos dominantes es la satisfacción de trabajar con leal devoción personal por un hombre y no simplemente por un programa abstracto de un partido integrado por mediocridades. A este respecto, el elemento "carismático" de toda conducción funciona en el sistema de partidos.

Esta forma nueva de organización de los partidos se impuso en distinta medida en la mayoría de los países, aunque tuviese que sostener una lucha constante y latente con los notables locales y los parlamentarios que pugnan por salvaguardar su influencia. Tal era el caso de los partidos burgueses, primero en los Estados Unidos y después en el partido Socialdemócrata, especialmente en Alemania. Surgen obstáculos permanentes si falta un líder reconocido por todos y aunque éste surja deben hacerse concesiones de toda especie a la vanidad y al interés personal de los notables del partido. La máquina puede caer también bajo el dominio de los funcionarios del partido en cuyas manos descansa el trabajo regular. De acuerdo con la opinión de algunos círculos socialdemócratas, su partido habría sucumbido a esta "burocratización". Sin embargo, los "funcionarios" se someten con relativa facilidad a la personalidad de un líder si éste tiene un fuerte atractivo demagógico. Esto se explica porque los intereses materiales e ideales de los funcionarios están íntimamente ligados a los efectos del poder del partido y además, porque trabajar por amor a un líder proporciona una mayor satisfacción íntima. El ascenso de los líderes es mucho más difícil allí donde los notables, al igual que los funcionarios, controlan el partido, como es el caso generalmente de los partidos burgueses. En efecto, los notables valorizan de tal forma los pequeños puestos de miembros de oficina o de una comisión administrativa que tales puestos se convierten en "el objetivo mismo de sus vidas". Por lo general, la actividad de los notables está animada por el resentimiento contra el demagogo que se presente como el *homo novus*, por la convicción de la superioridad de su "experiencia" de partido —que efectivamente puede llegar a tener una gran importancia— y por la preocupación ideológica de no romper con las viejas tradiciones de la organización. En el interior del partido ellos pueden llegar a contar con todos los elementos conservadores. El votante rural, pero también el de la pequeña burguesía, busca el nombre del notable que le es familiar. Desconfía de la ambición de un desconocido, pero mantendrá por él una fidelidad inquebrantable el día que este hombre haya triunfado definitivamente.

Consideremos ahora más detalladamente algunos ejemplos importantes de la lucha entre esas dos formas de estructura de partidos y especialmente los progresos realizados en el sentido de la forma plebiscitaria descripta por Ostrogorski[11].

Comencemos por Inglaterra. Hasta 1868, la organización de los partidos fue allí casi únicamente una organización de notables. Los *Tories* se

11 M. Ostrogorsky, *La démocratie et les partis politiques*, 2ª edic. Calmann-Lévy, París, 1912.

apoyaban en el campo en el pastor anglicano y el maestro de escuela y, sobre todo, en los grandes propietarios rurales del condado respectivo. Los *Whigs* encontraban apoyo principalmente en agentes como el predicador no-conformista (cuando lo había), el jefe de correos, el herrero, el sastre, el cordelero, es decir, en aquellos artesanos que podían diseminar su influencia política porque podían conversar con mayor frecuencia con la gente. En los pueblos, los partidos diferían en parte por razones económicas, en parte por la religión y en parte, simplemente, por las opiniones políticas transmitidas en las familias. Pero siempre los notables eran los pilares de la organización política.

A partir de estos acuerdos se montaba el Parlamento, los partidos dirigidos por el gabinete y el "líder", que era el presidente del consejo de ministros o el jefe de la oposición. Este líder tenía tras de sí al *whip*, el político profesional más importante de la organización del partido. La distribución de los cargos estaba en manos del *whip*; así, el "cazador" de puestos debía acudir a él, quien arreglaba un entendimiento con los delegados de los distintos municipios electorales. Un estrato de políticos profesionales empezó a desarrollarse gradualmente en los municipios. Al principio, los agentes reclutados localmente no eran remunerados; ocupaban aproximadamente la misma posición que nuestros *Vertraunsmanner* (los "agentes locales" del partido). No obstante, junto con ellos se desarrolló en los municipios un tipo empresarial capitalista, el *election agent*, cuya existencia era inevitable con la moderna legislación inglesa, y que estaba encargado de garantizar elecciones limpias.

Esta legislación tendía a controlar los gastos de las campañas electorales y buscaba controlar el poder del dinero haciendo obligatorio para los candidatos declarar los gastos de su campaña, porque en Inglaterra el candidato, además de forzar su voz, se daba el gusto de estirar su bolsa mucho más de lo que ocurría anteriormente entre nosotros. El *election agent* hacía que el candidato pagara una suma determinada que con frecuencia significaba un buen negocio para el agente. Debido a ello, en la distribución del poder en el Parlamento y en el país que se efectuaba entre el "líder" y los notables del partido, el primero obtenía generalmente una posición eminente. Esta posición se basaba en la necesidad de posibilitar una estrategia política de vastas proporciones y por tanto, de carácter permanente. Sin embargo la influencia del partido parlamentario y de los notables del partido era aún considerable.

He aquí cómo se presentaba aproximadamente el cuadro de la antigua organización de los partidos. Era a medias una cuestión de notables y también una organización con carácter de empresa, con empleados asalariados. Sin embargo, desde 1868 se desarrolló el sistema de *caucus*, primero para las elecciones locales en Birmingham y luego para todo el país. Un predicador no-conformista ayudado por Joseph Chamberlain dio vida a este sistema y el pretexto invocado fue la democratización del sufragio. Para ganarse a las masas era necesario poner en movimiento un tremendo aparato de asociaciones aparentemente democráticas, constituir en cada barrio un comité electoral, mantener una continuidad en la empresa y burocratizar rigurosamente el conjunto. Los funcionarios contratados y remunerados de los comités electorales locales crecieron numéricamente; y, en general, quizás el diez por ciento de los votantes fueron organizados en estos comités locales. Los jefes elegidos del partido tenían derecho a cooptar a otros y eran los ejecutantes formales de la política del partido. La fuerza dominante era el comité local, que estaba compuesto principalmente por los interesados en la política municipal, de la que siempre surgen las oportunidades materiales mayores. Estos comités locales fueron también los primeros en acudir al mundo de las finanzas. Esta nueva máquina, que no era ya dirigida por miembros del Parlamento, pronto tuvo que luchar con los antiguos detentadores del poder, sobre todo, con el *whip*. Apoyada por personas localmente interesadas, la máquina emergió de la pelea tan victoriosamente que el *whip* tuvo que someterse y transigir con ella. El resultado fue una centralización de todo el poder en los menos y, en definitiva, en la única persona que estaba en la cumbre del partido. Todo este sistema había surgido en el Partido Liberal en relación con el ascenso de Gladstone al poder. Lo que condujo a la máquina a tan rápido triunfo sobre los notables fue la fascinación de la "gran" demagogia de Gladstone, la firme creencia de las masas en la sustancia ética de su política y, sobre todo, la creencia en el carácter ético de su personalidad. Pronto se tornó obvio que había aparecido en la escena política una especie de cesarismo plebiscitario al amparo de los elementos de dictadura que reinaba en el campo de batalla electoral. El *caucus* actuó por primera vez en elecciones nacionales en 1877 y logró un éxito resonante ya que el resultado fue la caída de Disraeli cuando estaba en la cumbre de sus grandes realizaciones. En 1866, la máquina estaba ya tan completamente orientada hacia la personalidad carismática que cuando se planteó la cuestión del *Home rule*, todo el aparato, de la base a la cima, no puso en duda si realmente estaba de acuerdo con Gladstone: simplemente, al conjuro de su palabra lo siguieron; decían, tenga o no razón Gladstone estamos con él. De tal manera, la máquina desertó de su propio creador, Chamberlain.

La máquina tenía necesidad de un personal considerable. En Inglaterra hay cerca de dos mil personas que viven directamente de la política de los partidos. A decir verdad los que actúan en política puramente como cazadores de puestos o como personas interesadas son mucho más numerosos especialmente en la política municipal. Además de las oportunidades económicas, para el útil político del *caucus* están las oportunidades de satisfacer su vanidad. Llegar a ser "J.P." o siquiera "M.P."[12] es, obviamente, una de las mayores (y normales) ambiciones; y esas personas, que son de buena educación demostrable, es decir *gentlemen*, logran su meta. La más alta es, por supuesto, la dignidad de par, que atrae especialmente a los grandes Mecenas financieros. Cerca del cincuenta por ciento de las finanzas del partido dependen de las contribuciones de donantes que permanecen anónimas.

¿Cuál ha sido el efecto de este sistema? Hoy los miembros del Parlamento, con excepción de los

---

12 *Juge of Peace et Member of Parliament.*

pocos miembros del gabinete (y algunos rebeldes) están reducidos por lo general a la condición de bestias de votar bien disciplinadas. Entre nosotros, en el *Reichstag*, en el despacho se atendía al menos la correspondencia privada, indicando así que se estaba activo en bien del país. Tales gestos no son exigidos en Inglaterra; el miembro del Parlamento sólo debe votar, no traicionar al partido. Debe aparecer cuando los *whip* lo llaman y hacer lo que el gabinete o el líder de la oposición ordena. La maquinaria del *caucus* en el campo casi no es igualada si existe un líder poderoso que controle absolutamente a la maquinaria. Por lo general el dictador plebiscitario está por encima del Parlamento. Arrastra tras de sí a las masas mediante la máquina y los miembros del Parlamento son para él simplemente parte del botín entregado a sus partidarios.

¿Cómo se produce la selección de estos líderes fuertes? En primer lugar ¿en términos de qué capacidad son seleccionados? Como es natural, después de las cualidades de voluntad —decisivas en todo el mundo— la fuerza de oratoria demagógica es la más decisiva. Su carácter ha cambiado desde la época de Cobden que se dirigía al intelecto y de la de Gladstone que dominaba la técnica aparentemente plena de sentido de dejar que "los hechos desnudos hablaran por sí mismos". En nuestros tiempos se emplean con frecuencia medios puramente emocionales; los mismos medios que el Ejército de Salvación explota para poner en movimiento a las masas. El estado de cosas existente puede ser denominado como una "dictadura que descansa en la explotación emocional de las masas". Sin embargo, el sistema altamente desarrollado del trabajo de comité en el Parlamento británico hace posible y obligatorio que todo político que quiera participar en la dirección coopere en la labor de comité. Todos los ministros importantes de las últimas décadas tienen como antecedentes este entrenamiento de trabajo sumamente concreto y efectivo. La práctica de los informes de comités y la crítica pública a estas deliberaciones, es una condición para entrenar y seleccionar realmente a los dirigentes, eliminando a los simples demagogos.

Tal es la situación en Inglaterra. El sistema de *caucus* ha sido allí una forma atenuada de la maquinaria política, en comparación con la organización de los partidos norteamericanos, que adoptó desde temprano una forma particularmente pura de régimen plebiscitario.

De acuerdo con la idea de Washington, los Estados Unidos debían ser una comunidad administrada por *gentlemen*. Por ese entonces, un caballero era como en Inglaterra propietario de tierras o había recibido una educación universitaria. Al principio, cuando empezaron a organizarse los partidos, los miembros de la Cámara de Representantes tenían la pretensión de convertirse en jefes políticos, al igual que en Inglaterra cuando gobernaban los notables. La organización de los partidos era bastante laxa y siguió siéndolo hasta 1824. En algunas comunidades, donde primero tuvo lugar el desarrollo moderno, la máquina de los partidos estaba formada aún antes de 1820. Pero cuando Andrew Jackson, el candidato de los granjeros del Oeste, fue electo presidente por primera vez, se prescindió de las viejas tradiciones. La dirección formal del partido por los principales miembros del Congreso llegó a su fin poco después de 1840, cuando los grandes parlamentarios —Calhoun y Webster— se retiraron de la vida pública porque el Congreso había perdido casi todo su poder en favor de la máquina de los partidos. El hecho de que la "máquina" plebiscitaria se haya desarrollado tan tempranamente en los Estados Unidos se debe a que allí y sólo allí, el ejecutivo, que es al mismo tiempo —y éste es el elemento importante— el distribuidor máximo de los cargos oficiales, era un Presidente electo por plebiscito. En virtud de la "separación de poderes", era casi independiente del parlamento en el desempeño de su cargo. Es por ello que un verdadero botín de prebendas en forma de cargos ofrecíase como premio de la victoria en la elección precisamente de presidente. A través de Andrew Jackson el *spoils system* se elevó sistemáticamente a la categoría de principio y se sacaron las conclusiones.

¿Qué significa este *spoils system* —es decir la entrega de los cargos federales a los partidarios del candidato victorioso— para las actuales organizaciones de partidos? Significa que partidos totalmente carentes de principios se oponen entre sí; son meras organizaciones de cazadores de empleos, que redactan sus variables plataformas de acuerdo con las oportunidades de obtener votos, cambiando sus colores en un grado que, a pesar de todas las analogías, no puede darse todavía en ninguna otra parte. La estructura de los partidos está enteramente subordinada a la única lucha electoral que es de lejos la más importante para la distribución de los cargos: la lucha por la presidencia y las gobernaciones de los diversos estados. Las plataformas y los candidatos son seleccionados en las convenciones nacionales de los partidos sin intervención de los congresistas. Surgen por lo tanto de las convenciones de los partidos, cuyos delegados son elegidos, formalmente, de una manera muy democrática. Estos delegados son determinados por reuniones de otros delegados, los que a su vez deben su mandato a las *primaries* o asambleas de militantes de base. En las *primaries* los delegados son ya electos en nombre del candidato a la dirección de la nación. Dentro de los partidos se desarrolla la lucha más amarga por la cuestión de la *nomination*. Después de todo, 300 o 400 mil nombramientos oficiales están en manos del Presidente, nombramientos ejecutados por él solo, con la aprobación de los senadores de los diversos estados. Los senadores son, por lo tanto, políticos muy influyentes. Sin embargo, la Cámara de Representantes es impotente desde el punto de vista político porque no le corresponde la distribución de los cargos y porque los miembros del gabinete, reducidos a meros ayudantes del Presidente, pueden desempeñar sus cargos independientemente de la confianza o falta de confianza del pueblo. El Presidente, legitimado por el pueblo, se enfrenta a todos, hasta al Congreso: tal es una de las consecuencias del principio de la "separación de poderes".

En los Estados Unidos, el *Spoils System*, desarrollado de esta manera, ha sido posible técnicamente porque la juventud de la cultura norteamericana, podía permitirse una administración puramente *diletante*. En efecto, el hecho de que 300 o 400 mil militantes de un partido pudieran presentar por toda calificación sólo los buenos y leales servicios prestados a su partido, a la larga condujo a grandes dificultades, a una concepción y a un despilfarro sin igual que únicamente un país con oportunidades económicas ilimitadas podía tolerar.

El *boss* es la figura que aparece en la superficie gracias a este sistema de maquinaria plebiscitaria de partido político capitalista que por su cuenta y riesgo asegura votos. Puede haber establecido sus primeras relaciones como abogado o dueño de un *saloon* o como propietario de establecimientos similares, o quizás como prestamista, lo cual le permitió trenzar de tal manera que pudiera controlar un cierto número de votos. Afianzado este resultado estableció contacto con los otros *bosses* y mediante su celo, su habilidad y, sobre todo, su discreción, atrajo la atención de aquellos que habían avanzado más en la carrera y pudo entonces "trepar". El *boss* se ha convertido así en un elemento indispensable para el partido, pues la organización está centralizada en sus manos. Provee sustancialmente los medios económicos. ¿Cómo los consigue? En parte mediante las contribuciones de los miembros pero fundamentalmente imponiendo una contribución a los sueldos de los funcionarios que obtuvieron su puesto a través de él y de su partido. Existen además los cohechos y las "propinas". Quien quiera violar con impunidad una de las numerosas leyes existentes necesita la connivencia del *boss* y debe pagar por ella; de lo contrario, se buscará problemas. Pero esto no basta para acumular el capital necesario para las empresas políticas. El *boss* es indispensable como receptor directo del dinero de los grandes magnates financieros, que no le confiarían su dinero para fines electorales a un funcionario asalariado del partido, ni a cualquier otra persona que tuviera que dar cuenta, públicamente, de sus asuntos. Con su juiciosa discreción en cuestiones financieras, el *boss* es el hombre natural para los círculos capitalistas que financian las elecciones. El *boss* típico es un hombre absolutamente sobrio. No busca el honor social; el *professional* es despreciado en la "sociedad respetable". Sólo busca el poder como fuente de dinero, pero también el poder por el poder mismo. En contraste con el líder inglés, el *boss* norteamericano trabaja en la sombra. No se le oye hablar en público; sugiere a los oradores lo que deben decir de manera prudente y oportuna. Él, sin embargo, guarda silencio. Por regla general no acepta cargo alguno, excepto el de senador, ya que en virtud de la Constitución los senadores intervienen en la distribución de los cargos, los principales *bosses* participan con frecuencia en este cuerpo. La distribución de puestos se realiza, en primer lugar, de acuerdo con los servicios realizados por el partido. Pero también, con frecuencia se subastan los cargos y hay determinadas tarifas para los diversos puestos: existe por tanto un sistema de venta de cargos que, después de todo, han conocido también las monarquías, incluyendo el Estado eclesiástico de los siglos XVII y XVIII.

El *boss* no tiene "doctrinas" políticas firmes; carece en absoluto de principios y se pregunta simplemente cómo hacer para obtener más votos. Con frecuencia es un hombre poco educado, pero por regla general tiene una vida privada irreprochable y correcta. En su moral política, sin embargo, se ajusta naturalmente a las normas éticas vigentes en ese sector, así como en el período de acaparamiento, muchos de nuestros capitalistas pudieron hacerlo, en el terreno de la ética económica.

Al *boss* no le preocupa que como "político profesional" sea despreciado socialmente. El hecho de que personalmente no obtenga altos cargos federales y no desee obtenerlos ofrece la ventaja de que frecuentemente puedan ser candidatos algunos intelectos no pertenecientes al partido, notables en una palabra, cuando los *bosses* creen que tendrán un gran valor de atracción en las urnas. Situación muy diferente de la nuestra, en la cual son siempre los viejos notables de partido quienes aparecen presentados como candidatos. Por esta razón la estructura de esos partidos sin principios, con sus detentadores del poder socialmente despreciados, ha contribuido a llevar a la presidencia a hombres que entre nosotros jamás habrían llegado a la cima. En verdad, los *bosses* resisten al *outsider* que pudiera obstaculizar sus fuentes de riqueza y de poder. Sin embargo, en la lucha competitiva por ganar el favor de los votantes, los *bosses* con frecuencia tienen que condescender y aceptar candidatos conocidos como opositores a la corrupción.

Existe así una fuerte maquinaria capitalista, estricta y cuidadosamente organizada de la cima a la base, y apoyada por clubes de extraordinaria

estabilidad como el *Tammany Hall*. Esos clubes,
organizados a la manera de una orden, buscan
ganancias sólo a través del control político, especialmente del gobierno municipal, que es el objeto
más importante del botín. Esta estructura de la
vida de los partidos se hizo posible por el alto
grado de democracia en un "país nuevo" como
son los Estados Unidos. Dicha relación, a su vez,
es la base del hecho de que el sistema esté murien-
do gradualmente. Los Estados Unidos no pueden
ser ya gobernados sólo por diletantes. Hace apenas quince años, cuando se preguntó a los trabajadores norteamericanos por qué permitían que los
gobernaran políticos que ellos admitían despre-
ciar, la respuesta fue: "Preferimos que los cargos
estén ocupados por gentes a las que podemos
escupir, que por una casta de funcionarios que nos
escupan, como sucede entre ustedes". Este era un
viejo punto de vista de la "democracia" norteamericana. Aún entonces, los socialistas tenían ideas
enteramente diferentes y ahora la situación no es
ya tolerable. La administración diletante no basta y
la *Civil Service Reform* establece un número cada vez
mayor de posiciones vitalicias, con derecho a pensión. La reforma funciona de tal manera que los
puestos son desempeñados por funcionarios con
formación universitaria, tan incorruptibles y tan
capaces como los nuestros. Ahora, cerca de
100.000 puestos han dejado de ser objeto del
botín para ser repartidos después de las elecciones.
Más bien, el cargo califica al que lo desempeña
para una pensión y se basa en una capacidad com-
probada. El *spoils system* irá desapareciendo gradualmente y la naturaleza de la dirección de los

partidos probablemente se transformará, aunque por el momento no sepamos de qué manera.

En Alemania, las condiciones decisivas de la administración política han sido hasta el presente las siguientes:

En primer lugar, los parlamentos han sido tan impotentes que nadie con cualidades de líder pertenecía a él por largo tiempo. Si se deseara entrar en el Parlamento, ¿qué podría hacerse allí? Cuando había posibilidades de un puesto en la cancillería, podía decirse al jefe administrativo: "Tengo un hombre muy capaz en mi distrito electoral, que sería el adecuado; llámelo usted". Y habría acudido gustosamente; pero eso era casi todo lo que un miembro del Parlamento alemán podía hacer para satisfacer sus instintos de poder, si es que poseía alguno.

A esto debe añadirse la tremenda importancia de los funcionarios calificados en Alemania. Este factor determinó la impotencia del Parlamento. Nuestros funcionarios ocupaban el primer lugar en el mundo. Esta importancia del funcionario iba acompañada por el hecho de que ellos reclamaban para sí, no sólo puestos oficiales sino también puestos en el gabinete. En la legislatura del estado de Baviera, cuando se debatió el año pasado la introducción del gobierno parlamentario, se dijo que si iba a colocarse a los miembros de la legislatura en posiciones de gabinete, las gentes de talento no seguirían ya carreras oficiales. Además, la administración del servicio civil escapó sistemáticamente al control que significaban las discusiones de comité de los ingleses. De tal manera, la administración hizo imposible, salvo raras excepciones, que los parlamentos formaran jefes de administración capaces en sus propias filas.

Un tercer factor totalmente diferente de lo que ocurre en los Estados Unidos consiste en que tuvimos partidos con opiniones políticas regidas por principios, que han sostenido, al menos con una *bona fides* subjetiva, que sus miembros son los representantes de una "concepción del mundo". Pero los dos partidos más importantes, el Partido del Centro Católico y el Social-Demócrata fueron desde sus comienzos partidos minoritarios y quisieron ser partidos de minorías. Los principales círculos del partido del Centro en el Reich no ocultaron jamás su oposición a la democracia parlamentaria, por temor de permanecer en la minoría y tropezar con grandes dificultades para colocar a sus cazadores de puestos como lo han hecho, ejerciendo presión sobre el gobierno. El Partido social-demócrata fue un partido principista de minorías y un obstáculo para la introducción de un gobierno parlamentario, porque el partido no quería mancharse participando en el orden político-burgués existente. El hecho de que ambos partidos se disociaran del sistema parlamentario hacía imposible el gobierno parlamentario.

Considerando todo esto ¿qué sucedió entonces con los políticos profesionales en Alemania? No han tenido poder, ni responsabilidad y sólo podían desempeñar un papel subordinado como notables. En consecuencia, estuvieron animados nuevamente por los instintos gremiales, típicos en todas partes. Resultaba imposible que un hombre que no pertenecía a su tendencia ascendiera mucho en el círculo de los notables que hacían de sus pequeñas posiciones su vida misma. Podría mencionar muchos hombres de cada partido, sin exceptuar, por supuesto, al Social Demócrata, que significan tragedias de carreras políticas porque esas personas tenían cualidades de dirigentes y precisamente por tener esas cualidades no fueron tolerados por los notables. Todos nuestros partidos siguieron este curso de desarrollo y se convirtieron en gremios de notables. Bebel, por ejemplo, era todavía un líder por temperamento y pureza de carácter, por modesto que fuera su intelecto. El hecho de que fuera un mártir que jamás traicionara la confianza de las masas las impulsó a seguirlo absolutamente y a que jamás pudiera surgir en el interior del partido una oposición seria capaz de enfrentarlo. Su liderazgo llegó a su fin después de su muerte y comenzó el predominio de los funcionarios. Los funcionarios sindicales, los secretarios del partido y los periodistas llegaron a la cima. Los instintos burocráticos dominaron al partido. Es cierto que se trataba de funcionarios muy respetables, de rara respetabilidad si se nos permite decirlo, en comparación con las condiciones de otros países, en especial los tan frecuentemente corrompidos funcionarios sindicales de los Estados Unidos. Pero los resultados del control de los funcionarios, que examinábamos arriba, aparecieron también en el partido.

Desde 1880, los partidos burgueses se han convertido totalmente en pandillas de notables. En verdad, de manera ocasional los partidos tuvieron que recurrir a intelectos fuera del partido con fines propagandísticos, para poder decir: "¡Tenemos a fulano y a mengano!". En lo posible evitaban que estos nombres participaran en las elecciones; sólo cuando era inevitable y la persona insistía, podía ser candidato. El mismo espíritu prevalecía en el Parlamento. Nuestros partidos parlamentarios eran y son pandillas. Todo discurso pronunciado en el ámbito del *Reichstag* es cuidadosamente censurado en el partido antes de ser dicho. Esto es obvio, dado su increíble aburrimiento. Sólo quien es designado para hablar tiene la palabra. Difícilmente puede concebirse un contraste mayor con la costumbre inglesa o, por razones totalmente opuestas, la francesa.

Ahora, a consecuencia del enorme colapso al que se place llamar Revolución, quizás se esté gestando una transformación. Digo quizás, pero no es seguro. Al principio se ha preconizado la constitución de nuevos partidos. Primero eran aparatos "amateurs". Con frecuencia están representados por estudiantes de diversas universidades que dicen al hombre al que atribuyen cualidades de líder: "Nosotros desmenuzaremos la labor y usted no tendrá más que ejecutarla". Pero existen también aparatos políticos de carácter comercial. Sucedía que a los hombres a los que se atribuían cualidades de líder se acercaban personas deseosas de asumir su propaganda a una tarifa fija por cada voto. Si me preguntan ustedes cuál de estos dos aparatos considero honradamente de mayor confianza desde el punto de vista puramente técnico, creo que preferiría el último. Pero ambos aparatos fueron pompas de jabón, que pronto se desvanecieron. Los aparatos existentes se transformaron, pero siguieron trabajando. Los fenómenos mencionados son sólo síntomas del hecho de que nuevos aparatos surgirían si hubiera líderes. Sin embargo, las particularidades técnicas del sistema de representación proporcional impidieron crecer a esas nuevas formaciones. Sólo un par de dictadores que amotinaron la calle surgieron y volvieron a caer. Y sólo los partidarios de una dictadura del populacho están organizados de manera estrictamente disciplinada; de ahí el poder de estas minorías evanescentes.

Supongamos que todo esto cambiara; entonces, después de lo que hemos dicho arriba, debe comprenderse claramente que el liderazgo plebiscitario de los partidos implica la "bajeza" de sus partidarios, su proletarización intelectual podría decirse.

Para ser un aparato útil, una máquina en el sentido norteamericano —no perturbada por la vanidad de los notables o las pretensiones de opiniones independientes—, los seguidores del líder deben obedecerla ciegamente. La elección de Lincoln sólo fue posible debido a este carácter de la organización partidista y con Gladstone, como se advirtió antes, ocurrió lo mismo en el *caucus*. Este es, simplemente, el precio que pagan los líderes por la ayuda. Sólo nos queda la opción: o bien una democracia admite en su cabeza un líder verdadero y a continuación acepta la existencia de una "máquina", o bien reniega de los líderes y cae entonces bajo la dominación de los "políticos profesionales" sin vocación [*Berufspolitiker ohne Beruf*] que no poseen las cualidades carismáticas profundas que definen a un líder. En este último caso predomina entonces lo que la oposición interna de un partido llama el reinado de las "facciones". En

Alemania, por el momento, sólo tenemos el predominio de los políticos. En el futuro, la permanencia de esta situación, por lo menos en el *Reich*, se verá facilitada principalmente por el hecho de que el *Bundesrat* [Consejo Federal] surgirá de nuevo y limitará necesariamente el poder del *Reichstag* y con él, su importancia como organismos de selección de los dirigentes. Además, en su forma actual, la representación proporcional es un fenómeno típico de la democracia sin líderes, no sólo porque facilita las maniobras en la confección de las listas en beneficio de los notables, sino también porque en el futuro dará a los grupos de intereses organizados la posibilidad de obligar a los partidos a incluir a sus funcionarios en la lista de candidatos, creando así un Parlamento apolítico en el que no encontrarán lugar los líderes genuinos. Sólo el Presidente del Reich podría convertirse en una válvula de escape frente a la ausencia de líderes si fuera electo de manera plebiscitaria y no por el Parlamento[13]. Permitir el surgimiento de los líderes y realizar una selección de ellos es factible sólo a condición de dejarles la posibilidad de probar sus capacidades mediante una gestión municipal, en la que tengan además el derecho de elegir libremente a sus colaboradores. Tal es lo que ocurre en los Estados Unidos cuando aparece en la escena política un alcalde plebiscitario decidido a atacar seriamente la corrupción. Y este es, finalmente, el resultado que se puede esperar si se organizan los partidos en función de elecciones de este tipo.

---

13 Sobre esta cuestión ver el artículo de Weber en *Berliner Borsenzeitur* del 25 de febrero de 1919, y en los *Gesammelte politische Schriften* el estudio titulado *Der Reichsprasident* (pp. 390-3).

Pero la hostilidad verdaderamente pequeño burguesa hacia toda clase de líderes que anima a los partidos, incluido por supuesto la socialdemocracia, deja a oscuras la naturaleza de la organización futura de los partidos, al mismo tiempo que las oportunidades que acabamos de indicar.

Hoy no puede verse aún de qué manera se perfilará el desarrollo de la política como "vocación". Menos aún puede preverse por qué camino se abrirán las oportunidades para que los talentos políticos desempeñen tareas políticas satisfactorias. Quien, por sus circunstancias materiales, se ve obligado a vivir "de" la política tendrá que considerar casi siempre las posiciones alternativas del periodista o del funcionario de partido como los típicos caminos directos. O considerará la necesidad de ocupar un puesto en una asociación que se encarga de la defensa de determinados intereses, sindicatos, cámaras de comercio, agrícolas, o de artesanos, bolsas de trabajo, agencia de colocaciones, etc., o bien tratará de conquistar una posición municipal conveniente. Nada más puede decirse sobre este aspecto exterior de la profesión política: en común con el periodista, el funcionario del partido odia ser un *declassé*. "Escritor asalariado" u "orador asalariado" resonarán siempre desgraciadamente en sus oídos, aún cuando las palabras no lleguen a expresarse. Quien esté indefenso interiormente y sea incapaz de encontrar la respuesta precisa por sí mismo haría mejor en mantenerse alejado de esta carrera. Porque en cualquier caso, además de graves tentaciones, es un camino que puede producir desalientos. Pero entonces ¿qué goces internos puede ofrecer esta carrera y qué condiciones personales se presuponen para quien tome este camino?

En primer lugar, la carrera política da un sentimiento de poder. La conciencia de ejercer una influencia sobre los hombres, el sentimiento de participar en el poder sobre ellos y, sobre todo, la conciencia de tener en las manos una fibra nerviosa de acontecimientos históricamente importantes, pueden elevar al político profesional por encima de la rutina cotidiana aun cuando esté colocado en posiciones formalmente modestas. Pero ahora la pregunta que debe formularse es: ¿cuáles son las cualidades con que debe contar para estar a la altura de este poder (por pequeño que sea)? ¿Cómo puede cumplir con la responsabilidad que el poder impone? Con esto ingresamos en la esfera de los problemas éticos, porque es allí donde cobra importancia esta cuestión: ¿qué clase de hombre hay que ser para tener el derecho de introducir los dedos en los rayos de la rueda de la historia?

Puede decirse que tres cualidades preeminentes son decisivas para el político: pasión, un sentimiento de responsabilidad y un sentido de la proporción.

Esto significa pasión en el sentido de concretización, de devoción apasionada a una "causa", al dios o demonio que es su señor. No pasión en el sentido de esa conducta puramente interior que mi desaparecido amigo George Simmel designaba como "excitación estéril" y que era peculiar, especialmente, al tipo de intelectual ruso (¡de ninguna manera a todos!), una excitación que desempeña un papel muy importante en nuestros medios intelectuales obnubilados por este carnaval que decoramos con el pomposo nombre de "revolución". Todo esto no es otra cosa que un "romanticismo de lo intelectualmente interesante", que corre hacia el vacío desprovisto de todo sentido de responsabilidad objetiva.

En efecto, la simple pasión, por genuinamente que se experimente, no basta. No hace de un hombre un jefe político, a no ser que la pasión como devoción a una "causa" haga también de la responsabilidad a esta causa el guía de la acción. Y para esto hace falta sentido de la proporción, que es la cualidad psicológica decisiva del político. Esto significa que debe poseer la facultad de dejar que los hechos actúen sobre él con el recogimiento y la calma interior. En consecuencia, debe saber *mantener la distancia* de las cosas y de los hombres. "La falta de distanciamiento" [*Distanz*] *per se* es un pecado mortal en cualquier político. Es una de esas cualidades cuyo cultivo condenará a la joven generación de intelectuales a la incapacidad política. Porque el problema es, simplemente, ¿cómo pueden forjarse en el mismo espíritu la cálida pasión y un frío sentido de la proporción? La política se hace con la cabeza, no con otras partes del cuerpo o del espíritu. Y no obstante, la devoción a la política, sino ha de ser un frívolo juego intelectual sino una genuina conducta humana, puede nacer y nutrirse sólo de la pasión. Sin embargo, el firme dominio del espíritu, que distingue al político apasionado y lo diferencia del "estérilmente excitado" y simple diletante de la política, es posible sólo mediante el hábito del distanciamiento en todos los sentidos de la palabra. La "fuerza" de una "personalidad" política significa, en primer lugar, la posesión de estas cualidades de pasión, responsabilidad y proporción.

A cada día y a cada hora el político tiene que vencer interiormente a un enemigo bastante trivial y demasiado humano; la vulgar vanidad, el mortal enemigo de toda devoción concreta a una causa y de todo distanciamiento, en este caso del distanciamiento con respecto a uno mismo.

La vanidad es una cualidad muy extendida y quizás nadie esté enteramente libre de ella. En los círculos académicos e intelectuales la vanidad es una especie de enfermedad profesional. Pero en el intelectual, la vanidad —por desagradable que pueda expresarse— es relativamente inofensiva ya que, por regla general, no afecta la empresa científica. Con el político el caso es muy diferente. El deseo del poder es para él un medio inevitable. El "instinto de poder", como se dice generalmente, pertenece, en verdad, a sus cualidades normales. El pecado contra el elevado espíritu de su profesión, no obstante, empieza donde esta lucha por el poder deja de ser objetiva y se convierte en una borrachera puramente personal, en vez de entrar exclusivamente al servicio de "la causa". Porque en definitiva, hay sólo dos clases de pecados mortales en el terreno de la política: la falta de objetividad y —con frecuencia aunque no idéntica a ella— la irresponsabilidad. La vanidad, o en otros términos, la necesidad de aparecer en primer plano de la manera más evidente posible, induce frecuentemente al político a cometer uno o ambos de estos pecados. Aún más por el hecho de que el demagogo está obligado a contar con el "efecto".

Está en peligro constante de convertirse en actor, así como de tomar con ligereza la responsabilidad de las consecuencias de sus actos, pues está preocupado simplemente por la "impresión" que puede causar en los demás. Su falta de objetividad lo tienta a buscar la apariencia brillante del poder más que el poder real. Su irresponsabilidad le sugiere que goce del poder simplemente por el mismo, sin ningún fin positivo. Aunque o quizás porque el poder es el medio inevitable y la lucha por el poder es una de las fuerzas orientadoras de la política, no hay caricatura más peligrosa de la política que la del fanfarrón que juega con el poder a la manera de un *parvenu*, o la de Narciso vanidoso de su poder, es decir todo culto del poder *per se*. El simple "político del poder" [*Machtpolitiker*] puede lograr grandes efectos pero, en realidad, su labor se pierde en el vacío y el absurdo. (Entre nosotros, un culto ardientemente promovido tiende también a glorificarlo). En esto, los críticos de la "política del poder" tienen toda la razón. En el súbito colapso interior de ciertos representantes y típicos de esta mentalidad podemos ver la debilidad y la impotencia que se esconde tras estos gestos aparatosos, pero totalmente vacíos[14]. Es un producto de una actitud ilegítima y superficialmente *blasé* respecto al sentido de la conducta humana; y no tiene ninguna relación con la conciencia de lo trágico con que toda acción, y especialmente la acción política, está realmente entretejida.

14 Alusión al derrumbe de la política de poder del emperador Guillermo II y de algunos de sus ministros. Aún avanzada la guerra de 1914-1918, Weber no cesaba de denunciar los efectos previsibles de lo que llamaba en una de sus cartas "una política de payaso". Cfr. sus *Politische Briefe* en los *Gesammelte politische Schriften*.

Un hecho fundamental de la historia, que no analizaremos hoy detalladamente, pero que es indiscutible, es el siguiente: el resultado final de la actividad política responde muy raramente a la intención primitiva del actor. Se podría afirmar que por regla general nunca responde a tal intención y que con mucha frecuencia la relación entre el resultado final y la intención original es simplemente paradojal. Pero esta constatación no puede servir de pretexto para negarse a servir una causa, pues la acción perdería entonces toda consistencia interna. En cuanto a la naturaleza misma de la causa, en el nombre de la cual el político busca y utiliza el poder, no podemos decir nada: depende de las convicciones personales de cada uno. El político puede servir a fines nacionales o humanitarios, fines sociales, éticos o culturales, profanos o religiosos. Puede igualmente estar sostenido por una sólida creencia en el "progreso" —no importa en qué sentido— o puede rechazar fríamente esta clase de creencias; puede pretender servir a una "idea" o rechazar por principio el valor de las ideas para servir solamente a los fines materiales de la vida cotidiana.

De cualquier manera, siempre debe existir alguna fe. De otro modo, es absolutamente cierto que la maldición de la inutilidad de ese ser oscurece hasta los éxitos políticos externos más evidentes.

Con la anterior afirmación entramos ya en el examen del último problema que nos ocupa esta noche: el *ethos* de la política en tanto "causa" a defender. ¿Cuál es, independientemente de los fines que le son propios, la misión que puede cumplir la política en la economía global de la conduc-

147

ta humana? ¿Cuál es, por decirlo así, el ámbito ético donde puede residir? Aquí chocan en verdad, las *Weltanschauungen* definitivas, las visiones del mundo entre las cuales hay que escoger en última instancia. Abordemos resueltamente este problema que ha sido replanteado recientemente, a mi modo de ver, en forma bastante errónea.

Pero antes que nada librémonos de una falsificación bastante trivial. La ética puede a veces jugar un papel extremadamente molesto. Veamos algunos ejemplos. No es raro que un hombre que abandona su mujer por otra sienta la necesidad de justificarse ante su conciencia invocando como pretexto que ella no era digna de su amor, que lo había engañado, o cualquier otra excusa de este tipo que no faltan nunca. Esta es una actitud que, con una profunda falta de caballerosidad, añade una imaginaria "legitimidad" al hecho simple de que él ya no la ama y de que la mujer debe soportarlo. En virtud de esa "legitimación", el hombre se arroga un derecho que a fin de cuentas carga con todos los errores a su mujer, además de la infidelidad con que la abruma. El vencedor de una rivalidad amorosa procede exactamente de la misma manera. Estima que el desventurado adversario debe ser menos digno, de otra manera no podría haber perdido. No hay diferencias con el vencedor que después de su victoria en el campo de batalla proclama con la vil manía de quienes creen tener siempre razón: "Vencí porque tenía razón". O con aquel que ante las atrocidades de la guerra se desmorona moralmente y en lugar de decir, simplemente, "en verdad es demasiado, no puedo soportarlo", para justificarse ante su con-

ciencia siente la necesidad de sustituir dicho sentimiento de lasitud frente a la guerra por otro pre-
textando: "No pude soportarlo porque se me obli-
gaba a combatir por una causa moralmente injus-
ta". Lo mismo puede decirse de los vencidos. En
lugar de colocarse en la actitud de las ancianas y
descubrir a los "culpables" después de la derrota
—puesto que es siempre la estructura de la sociedad quien engendra los conflictos— sería mejor
adoptar una actitud viril y digna y decir al enemigo: "Nosotros perdimos la guerra. Ustedes la
ganaron. Eso ya pasó. Analicemos ahora qué conclusiones deben extraerse de acuerdo con los intereses *objetivos* que entraron en juego y qué es lo
principal con vista a la responsabilidad hacia el
futuro que pesa sobre el vencedor". Cualquier otra
actitud es indigna y se convertirá en un *bumerang*.
Una nación perdona si sus intereses han sido per-
judicados, pero ninguna nación perdona si su
honor ha sido ofendido, especialmente con una
hipócrita autojustificación. Todo documento
nuevo que sale a la luz después de pasadas varias
décadas, revive las indignas lamentaciones, el odio
y el desprecio, en vez de dejar que la guerra sea
enterrada al terminar, al menos moralmente. Esto
es posible sólo con objetividad y caballerosidad y,
sobre todo, sólo con dignidad. Pero nunca es posible con una "ética", que significa en realidad una
falta de dignidad en ambos lados. En vez de preo-
cuparse por lo que interesa al político: el futuro y
la responsabilidad con el futuro, esta ética se
ocupa de culpas pasadas lo cual es una cuestión
estéril desde el punto de vista político porque es
insoluble. Actuar en esta forma es un crimen polí-

tico, si existe ese tipo de crimen. Por otra parte, una actitud así tiene el inconveniente suplementario de silenciar hasta qué punto todo el problema es inevitablemente falseado por intereses materiales: intereses del vencedor de extraer el mayor beneficio posible de su victoria —se traten de intereses materiales y morales—, esperanzas del vencido de comerciar un poco de su culpabilidad contra ciertas ventajas. Si en el mundo existe algo "abyecto" es precisamente esto. He aquí lo que resulta cuando se quiere utilizar la "ética" como medio de tener siempre razón.

¿Cuáles son, entonces, las relaciones de la ética con la política? ¿No tienen nada que ver entre sí, como se ha dicho ocasionalmente? ¿O es cierto lo contrario: que la ética de la conducta política es idéntica a la de cualquier otra conducta? Ocasionalmente se ha creído que existe una elección exclusiva entre dos posibilidades: o una o la otra deben ser correctas. Pero ¿es verdad que cualquier ética del mundo podría establecer mandamientos de idéntico contenido para las relaciones eróticas, de negocios, familiares y oficiales; para las relaciones con la esposa, el tendero, el hijo, el competidor, el amigo, el enemigo? ¿Puede creerse verdaderamente que las exigencias de la ética permanezcan indiferentes al hecho de que toda política utiliza como medio específico la fuerza, detrás de la cual se perfila la violencia? ¿No vemos que las ideologías bolchevique y espartaquista producen exactamente los mismos resultados que cualquier dictador militarista simplemente porque utilizan este medio político? La denominación de los "Consejos de obreros y de soldados" ¿en qué se distingue de no importa cual otro detentador del poder del antiguo régimen imperial, sino por el simple hecho de que otros son los jefes que detentan el poder, y que son además simples diletantes? ¿En qué difiere la polémica de la mayoría de los representantes de la ética que presume de nueva, de la de los opositores que ellos criticaban, o de cualquier otro demagogo? En su intención noble, dirá la gente. ¡Bien! pero aquí hablamos de los medios y los adversarios, con plena sinceridad subjetiva, afirman de la misma manera que sus intenciones últimas son de elevado carácter. "Quien a hierro mata a hierro muere" y la lucha es siempre la lucha. De ahí la ética del Sermón de la Montaña.

Por el Sermón de la Montaña nos referimos a la ética absoluta del evangelio, que es algo más serio de lo que creen los que ahora son aficionados a citar esos mandamientos. Esa ética no es cosa de juego. Para ella es válido lo que se ha dicho de la causalidad en la ciencia: no es un automóvil que podamos detener a nuestro gusto[15]. A menos que se quiera caer en trivialidades, la ética del Evangelio es una moral del "todo o nada". La parábola del joven rico nos dice por ejemplo: "Se retiró lleno de pena: porque tenía grandes posesiones". El mandamiento del Evangelio, no obstante, es incondicional y nada ambiguo: da lo que tengas,

---

15 Alusión al siguiente pasaje del opúsculo de Schopenhauer, *Der Satz vom Zureichenden Grund*, parágrafo 20: "La ley de la causalidad no es tan complaciente como para poderla manejar al igual que un coche que se abandona una vez arribado a destino. Se asemeja más a la escoba animada del aprendiz de hechicero de Goethe que, una vez puesta en movimiento, no deja de correr y tirar agua hasta que interviene el viejo maestro para imponerle el reposo".

absolutamente todo. El político dirá que esto es una imposición socialmente sin sentido, mientras no se lleve a cabo en todas partes. Por eso, el político sostendrá los impuestos, el impuesto confiscatorio, la confiscación directa: en una palabra, la obligatoriedad y la regulación contra todo el mundo. El precepto ético, sin embargo, no se ocupa para nada de eso y esta despreocupación es su esencia. O nos dice también, por ejemplo: "ofreced la otra mejilla"; este precepto es incondicional y no pone en tela de juicio la fuente de la autoridad del otro para pegar. Excepto para un santo, es una ética de indignidad. De esto se trata: hay que actuar santamente en todo; al menos con la intención debe vivirse como Jesús, los apóstoles, san Francisco y sus semejantes. *Recién entonces* esta ética tiene sentido y expresa una especie de dignidad; de otra manera no es así. Porque si se dice, de acuerdo con la ética acósmica del amor: "No resistáis al mal con la fuerza", para el político lo válido es la proposición inversa: "Debes resistir al mal con la fuerza o de lo contrario eres responsable de su victoria". Quien quiera seguir la ética de los Evangelios debe abstenerse de las huelgas, porque las huelgas implican la fuerza y no queda otra solución que participar en los sindicatos amarillos... ¡Y sobre todo que se abstenga de hablar de "revolución"! Después de todo, esta ética no desea enseñar que la guerra civil es la única legítima. El pacifista que sigue a los Evangelios se negará a empuñar las armas o las abandonará; en Alemania este fue el deber ético recomendado para poner fin a la guerra y, en consecuencia, a todas las guerras. El político, por el contrario, dirá que el único medio seguro de desacreditar la guerra para siempre habría sido una paz basada en el *stato quo*. Entonces las naciones habrían preguntado ¿para qué fue esta guerra? Y la guerra habría servido de argumento *ad absurdum*, lo que es imposible. Para los vencedores, al menos para algunos de ellos, la guerra habrá sido políticamente ventajosa. Y la responsabilidad de ello está en la conducta que hizo imposible para nosotros toda resistencia. Pero entonces, como resultado de la ética del absolutismo, cuando haya pasado el período de agotamiento, *quedará desacreditada la paz, no la guerra*.

Finalmente consideremos el deber de la verdad: para la ética absoluta es válido incondicionalmente. De ahí se llegó a la conclusión de la necesidad de publicar todos los documentos, especialmente los que condenaban al propio país. Sobre la base de estas publicaciones unilaterales siguieron las confesiones de culpabilidad, que fueron unilaterales, incondicionadas y sin tener en cuenta las consecuencias. El político encontrará que, como resultado, la verdad no quedará aclarada sino oscurecida por el abuso y el desencadenamiento de las pasiones; que sólo una investigación metódica completa dirigida por personas imparciales podría dar fruto; y que para una nación cualquier otro procedimiento podría tener consecuencias que requerirían muchos años para ser superadas. ¡Pero a decir verdad, si existe un problema del que la ética absoluta *no se ocupa* es precisamente del que concierne a las "consecuencias"!

Llegamos así a un problema de decisiva importancia. Es indispensable que tengamos claridad del siguiente hecho: toda actividad orientada según la ética puede estar subordinada a dos máximas totalmente diferentes e irreductiblemente opuestas. La conducta puede estar orientada por una "ética de la responsabilidad" [*verantwortungsethisch*] o por una "ética de fines últimos" [*gesinnungsethisch*]. Esto no quiere decir que una ética de los fines últimos sea idéntica a la irresponsabilidad, o que una ética de la responsabilidad sea igual a un oportunismo sin principios. Naturalmente, nadie dice eso. No obstante, hay una oposición abismal entre la conducta que sigue la máxima de una ética de fines últimos —esto es, en términos religiosos: "El cristiano hace el bien y deja al Señor los resultados"— y la conducta de quien actúa siguiendo una ética de la responsabilidad que dice: "Debemos responder por las consecuencias previsibles de nuestros actos".

Puede demostrarse a un sindicalista convencido, que cree en una ética de fines últimos, que sus actos darán como resultado un incremento de las oportunidades de la reacción, al aumentar la opresión de su clase y obstruir su ascenso, y no se logrará producirle la menor impresión. Si un acto bien intencionado conduce a malos resultados, entonces a los ojos de quien actúa, no él sino el mundo o la estupidez de otros hombres, o la voluntad de Dios que así los hizo, es responsable del mal. Sin embargo, un hombre que cree en una ética de la responsabilidad toma en cuenta precisamente las debilidades comunes de los individuos (pues como ha dicho correctamente Fichte, ni siquiera tiene derecho a presuponer su bondad y perfección). No se siente con derecho a hacer recaer sobre otros el peso de los resultados de sus propios actos en tanto que pudo preverlos. Dirá entonces: "Estas consecuencias son imputables a mi propia acción". El partidario de la ética de fines últimos se siente "responsable" sólo de cuidar que la llama de las intenciones puras no se apague; por ejemplo, la llama de la protesta contra la injusticia del orden social. Mantener la llama siempre encendida es el fin de sus actos, bastante irracionales juzgados en términos de su éxito posible. Son actos que pueden y deben tener sólo un valor ejemplar.

Pero aun así el problema no queda agotado. Ninguna ética puede ignorar el hecho de que en numerosos casos el logro de fines "buenos" está limitado por el hecho de que se debe estar dispuesto a pagar el precio de utilizar medios moralmente dudosos o al menos peligrosos y hacer frente a la posibilidad y hasta a la probabilidad de consecuencias dudosas. Ninguna ética del mundo puede decirnos cuándo y en qué medida el fin éticamente bueno "justifica" los medios éticamente peligrosos y sus consecuencias.

El medio decisivo de la política es la violencia. Puede observarse la medida de la tensión entre los medios y los fines cuando se conciben éticamente en el ejemplo siguiente. Ya durante la guerra los socialistas revolucionarios (tendencia Zimmerwald) profesaban un principio que podría formularse así agudamente: frente a la elección de algunos años más de guerra y después la revolución, o la paz ahora sin revolución, optamos por algunos años más de guerra[16]. Ante la siguiente pregunta: "¿Qué puede aportar esta revolución?", todo socialista

16 Esta interpretación de los hechos puede prestarse a discusión.

científicamente formado no puede menos que dar esta respuesta: no puede hablarse de una transición a una economía que en nuestro sentido, pudiera llamarse socialista; resurgirá una economía burguesa simplemente despojada de los elementos feudales y los vestigios dinásticos. Para este resultado bien modesto, están dispuestos a hacer frente a "algunos años más de guerra". Puede muy bien decirse que aun con una convicción socialista muy robusta podría rechazarse un fin que exige semejantes medios. Con el bolchevismo y el espartaquismo y, en general, con cualquier clase de socialismo revolucionario, sucede precisamente lo mismo, pues es totalmente ridículo de parte de los revolucionarios *condenar en nombre de la moral* la "política de fuerza" de los hombres del antiguo régimen, cuando ellos utilizan exactamente el mismo medio, por justificado que pueda ser el rechazo de sus *fines*.

La ética de los fines últimos debe desintegrarse aparentemente en el problema de la justificación de los medios por los fines. De hecho, no le queda lógicamente otra posibilidad que la de rechazar toda acción que utilice medios moralmente peligrosos. Pero entiéndase bien: digo lógicamente. En el mundo de las realidades, por regla general, encontramos la experiencia siempre renovada de que el partidario de una ética de fines últimos se vuelve bruscamente un profeta milenarista. Aquellos, por ejemplo, que acaban de predicar "el amor contra la violencia" reclaman ahora el uso de la fuerza para el último acto violento, que conduciría entonces a un estado de cosas en que quede aniquilada toda violencia. De la misma manera, nuestros oficiales decían a los soldados después de cada ofensiva: "Esta será la última; ésta traerá la victoria y, con ella, la paz". El que postula una ética de los fines últimos no puede soportar la irracionalidad ética del mundo. Es un "racionalista" cósmico-ético. Los que conozcan a Dostoievsky recordarán la escena del "Gran Inquisidor", donde el problema se desenvuelve agudamente. Si se hace cualquier concesión al principio de que el fin justifica los medios, no es posible unir una ética de fines últimos y una ética de la responsabilidad o decretar éticamente cuál es el fin que justificará tales medios.

Mi colega, F. W. Foerster[17], a quien estimo mucho personalmente por su indudable sinceridad, pero a quien rechazo sin reservas como político, cree posible sortear esta dificultad con la simple tesis de que: "del bien sólo sale el bien; pero del mal sólo sale el mal". En ese caso no existiría este complejo de problemas. Pero es sorprendente que semejante tesis pudiera surgir dos mil quinientos años después de los Upanishads. No sólo el curso de la historia universal, sino cualquier análisis imparcial de la experiencia diaria señala precisamente lo contrario. El desarrollo de las religiones en todo el mundo está fundado en la verdad de la opinión contraria. El tradicional problema de la teodicea consiste en la cuestión misma de cómo es que un poder del que se afirma que es a la vez omnipotente y bondadoso, pueda haber creado un mundo tan irracional de sufrimientos inmerecidos, injusticias sin castigo y estupidez desalentadora. O bien este poder no es omnipotente o no es bonda-

17 Cfr. *supra*, pág. 55, nota 4.

doso o gobiernan nuestras vidas principios enteramente diferentes de compensación y retribución, principios que sólo podemos interpretar metafísicamente o que escapan por completo a nuestro poder de comprensión.

Este problema de la experiencia de la irracionalidad del mundo ha sido una fuerza impulsora de toda la evolución religiosa. La doctrina hindú del *karma*, el dualismo persa, la doctrina del pecado original, la predestinación y el *Deus absconditus*, han surgido todas de esta experiencia. También los primeros cristianos sabían que el mundo está gobernado por demonios y que quien entra en la política, es decir, en el fuego del poder y la violencia como medios, pacta con fuerzas diabólicas; en cuanto a sus actos, no es cierto que el bien sólo pueda resultar del bien y el mal sólo del mal, sino que con frecuencia ocurre lo contrario. Quien no llegue a percibir esto es, en verdad, infantil políticamente.

Estamos colocados en diversas esferas vitales, cada una de las cuales está gobernada por leyes diferentes. La ética religiosa ha aceptado este hecho de maneras diversas. El politeísmo helénico hizo sacrificios a Afrodita y a Hera por igual, a Dionisio y a Apolo, y sabía que estos dioses estaban frecuentemente en conflicto entre sí. El orden hindú de la vida hizo de cada una de las distintas ocupaciones objeto de un código ético específico, un *dharma*, y estableció para siempre entre ellas una separación por castas, situándolas así en una jerarquía determinada de rangos. Para el hombre nacido en una casta no había evasión posible, a menos que naciera de nuevo en otra vida. Las ocupaciones se colocaban así a diversas distancias de los más altos bienes religiosos de salvación. De esta manera, el orden de castas permitía la posibilidad de dar forma al *dharma* de cada casa, desde las de los ascetas y brahmanes hasta las de los bribones y prostitutas, de acuerdo con las leyes inmanentes y autónomas de sus ocupaciones respectivas. También se incluían la guerra y la política. Se encontrará a la guerra integrada en la totalidad de esferas vitales en el Bhagavad-Gita en la conversación entre Krishna y Arjuna. "Haz lo que debe hacerse", es decir haz el trabajo que de acuerdo con el *dharma* de la casta de guerreros y sus reglas es obligatorio y que, de acuerdo con el fin de la guerra, es objetivamente necesario. El hinduismo cree que esa conducta no perjudica a la salvación religiosa sino que, más bien, la promueve. Cuando debía enfrentarse a la muerte del héroe, el guerrero hindú estaba siempre seguro del cielo Indra, así como el guerrero teutón del Walhalla. El héroe hindú habría despreciado el *nirvana* en la misma medida en que el teutón se habría burlado del paraíso cristiano con sus coros de ángeles. Esta especialización de la ética permitía a la moral hindú un tratamiento consecuente del arte real de la política, sometida a sus propias leyes, cada vez más consciente de sí misma.

Un "maquiavelismo" realmente radical, en el sentido popular de la palabra, está representado clásicamente en la literatura hindú en el *Kautaliya Arthasastra* (muy anterior a Cristo, posiblemente de tiempos de Chandragupta). Comparado con este documento *El Príncipe* de Maquiavelo es inofensivo. Como se sabe, en la ética católica —a la que permanece cercano, por otra parte, el profesor Foerster— los *consilia evangélica* son una ética especial para aquellos dotados del privilegio del carisma de una santidad. Allí está el monje que no debe derramar sangre o buscar ganancias y a su lado, el piadoso caballero y el burgués, a quienes se les permite, al uno derramar sangre y al otro enriquecerse.

La gradación de la ética y su integración orgánica en la doctrina de la salvación es menos consistente que en la India. De acuerdo con los presupuestos de la fe cristiana, así podía y tenía que ser. La maldad del mundo que brotó del pecado original permitía con relativa facilidad la integración de la violencia en la ética como un medio disciplinario contra el pecado y contra la herejía que ponía en peligro el alma. Sin embargo, las exigencias acósmicas del Sermón de la Montaña, bajo la forma de una ética pura de fines últimos, llevaba implícito un derecho natural de imperativos absolutos fundados en la religión. Estos imperativos absolutos conservaron su fuerza revolucionaria y entraron en escena con vigor elemental en casi todos los períodos de rebelión social. Produjeron, en especial, las sectas pacifistas radicales, una de las cuales intentó construir en Pensylvania un Estado que renunciaba a utilizar la fuerza en sus relaciones exteriores. Este experimento tuvo un desarrollo trágico puesto que al estallar la Guerra de Independencia los cuáqueros no podían intervenir con las armas en la mano en un conflicto cuyo objetivo era la defensa de un ideal idéntico al de ellos. El protestantismo común, sin embargo, legitimó en general al Estado como una institución divina y a la violencia como un medio y justificó en especial al Estado autoritario. Lutero despojó al individuo de la responsabilidad ética de la guerra y la transfirió a las autoridades. Obedecer a las autoridades en cuestiones ajenas a la fe no podía constituir culpa. El calvinismo, a su vez, consideró la violencia al servicio de un principio como un medio de defender la fe y legitimó las guerras religiosas. Y sabemos también que la violencia fue para el Islam, desde un principio, un elemento de vida. Se ve que no es, de ninguna manera, un descreimiento nacido del culto del Renacimiento por los héroes lo que plantea el problema de la ética política. Todas las religiones han debatido esta cuestión. Es el medio específico de la *violencia legítima* como tal, en manos de asociaciones humanas, lo que determina la peculiaridad de todos los problemas éticos de la política.

Quienquiera que pacte con los medios violentos para cualquier fin —y todo político lo hace— está expuesto a sus consecuencias específicas. Esto es válido especialmente para el cruzado tanto religioso como revolucionario. Tomemos el presente como ejemplo. El que quiera establecer la justicia absoluta sobre la tierra mediante la fuerza necesita de partidarios, de una "maquinaria" humana. Debe ofrecer las necesarias retribuciones psicológicas o materiales, celestiales o mundanas, a esta "maquinaria" o de lo contrario ella no funcionará. En las condiciones de la moderna lucha de clases, las retribuciones psicológicas consisten en la satisfacción del odio y la búsqueda de venganza; en el resentimiento y la inclinación pseudoética a tener razón a cualquier precio. Los opositores

161

deben ser denigrados y acusados de herejía. Las retribuciones materiales son la aventura, la victoria, el botín, el poder y las prebendas. El éxito del líder depende por completo del funcionamiento de su aparato y de los motivos que animan a sus partidarios, no de aquellos que lo animan a él personalmente. Su porvenir depende, por tanto, de la posibilidad de procurar *permanentemente* todas esas recompensas a los partidarios que le son imprescindibles, se trate de la Guardia Roja, de los soplones o de los agitadores. El líder no es enteramente dueño de los resultados de su actividad, pues debe plegarse a las exigencias de sus partidarios, exigencias que consideradas éticamente pueden resultar bajas. Puede controlarlos sólo en la medida en que una fe sincera en su persona y en su obra anime por lo menos a una fracción de sus partidarios, pues jamás se ha visto en el mundo que idénticos sentimientos inspiren a la mayoría de un agrupamiento humano. Dichas convicciones, aunque subjetivamente sean sinceras, sirven realmente en la mayoría de los casos para "justificar" moralmente los deseos de venganza, de poder, de botín o de prebendas. ¡Sobre esta cuestión no nos dejaremos engañar con cuentos, pues la interpretación materialista de la historia no es más que un vehículo que se puede montar a voluntad y que se detendrá ante los promotores de la revolución! No debemos olvidar que a la revolución plena de entusiasmo le sucederá siempre la rutina tradicional de la vida y que en dicho momento el líder de la fe abdicará y la fe misma se desvanecerá o se convertirá —lo que sería su destino más cruel— en un elemento de la fraseología convencional de

162

los filisteos y de los técnicos de la política. Esta evolución es particularmente rápida durante las luchas ideológicas simplemente porque este tipo de luchas son, por lo general, dirigidas o inspiradas por líderes auténticos, es decir por los profetas de la revolución. En este caso, como en general en toda actividad que requiere un aparato devoto de su jefe, el empobrecimiento y la mecanización o también la proletarización espiritual en beneficio de la "disciplina" constituyen una de las condiciones del éxito. Es por esto que los partidarios victoriosos de un jefe que combate por sus convicciones degeneran muy rápidamente en una masa de vulgares usufructuadores del botín.

Quien quiera participar en la política y especialmente quien sienta la política como profesión tiene que comprender estas paradojas éticas. Debe saber que es responsable de lo que pueda ocurrir bajo el impacto de estas paradojas. Repito, se entrega a las fuerzas diabólicas que acechan en toda violencia. Los grandes *virtuosi* del amor acósmico a la humanidad y de la bondad, nacidos en Nazareth o en Asís o en castillos reales de la India, no han obrado con los medios políticos de la violencia. Su reino "no era de este mundo" y a pesar de ello, actuaban y actúan aún en este mundo. Las figuras de Platón Karataiev y los santos de Dostoievsky son todavía sus reconstrucciones más adecuadas. Quien busca la salvación del alma, de la propia y de los demás, no debe buscarla en el camino de la política, porque las diversas tareas de la política sólo pueden resolverse con la violencia. El genio o el demonio de la política vive en interna tensión con el dios del amor, así como con el

163

Dios cristiano expresado por la Iglesia. Esta tensión puede conducir en cualquier momento a un conflicto irreconciliable. Y esto lo supieron los hombres hasta en la época de la dominación de la Iglesia. Una y otra vez el interdicto papal cayó sobre Florencia y en aquel momento significaba para los hombres y para la salvación de sus almas un poder mucho más fuerte que (para citar a Fichte) la "fría aprobación" del juicio ético kantiano. Los burgueses, sin embargo, pelearon contra el Estado eclesiástico. Y es en relación con esas situaciones que Maquiavelo, en un hermoso pasaje de sus *Historias florentinas*, si no me equivoco, hace que uno de sus héroes elogie a los ciudadanos que consideraron la grandeza de su ciudad natal más importante que la salvación de sus almas.

Si en lugar de ciudad natal o de "patria", palabras que en el presente no tienen una significación unívoca para todo el mundo, hablamos del "porvenir del socialismo" o también de la "paz mundial", estamos empleando términos que corresponden a una forma moderna de plantear el problema. Todos aquellos fines que pueden alcanzarse sólo mediante la actividad política, la que recurre necesariamente a los medios violentos y sigue las vías de una ética de la responsabilidad, ponen en peligro la "salvación del alma". Y si se busca alcanzar esos objetivos en el curso de una lucha ideológica guiada por una ética de fines últimos, pueden producirse graves perjuicios y un descrédito cuyas repercusiones se harán sentir durante muchas generaciones, porque falta aquí la responsabilidad por las *consecuencias*. En este caso, en efec-

164

to, el agente no tiene ya conciencia de las potencias diabólicas que entran en juego. Son inexorables y si el individuo no las percibe le producirán una serie de consecuencias a la que estará sometido inevitablemente; su repercusión se hará sentir en sus actos pero también en el fondo de su alma. El refrán: "Más sabe el diablo por viejo que por diablo" no se refiere a la edad en término de años cronológicos. Personalmente, jamás he admitido que en una discusión alguien tratara de lograr una ventaja exhibiendo su partida de nacimiento. Pero el simple hecho de que algunos de mis interlocutores tenga veinte años en tanto que yo supero los cincuenta no puede de manera alguna autorizarme a pensar que de por sí esto constituye una hazaña ante la cual debo inclinarme con respeto. La edad no es lo que importa, lo decisivo es la soberana competencia para ver las realidades de la vida sin afeites y además la capacidad para hacerles frente y medirse con ellas.

Es cierto que la política se hace con la cabeza, pero no sólo con la cabeza. En esto tienen razón los que proponen una ética de fines últimos. No puede prescribirse a nadie que se guíe por una ética de fines últimos o una ética de responsabilidad, ni cuándo debe guiarse por una o por la otra. Sólo puede decirse una cosa. Si en tiempos como los actuales, tiempos de excitación que según vuestra opinión no son estériles —recuerden sin embargo que la excitación no es siempre ni tampoco profundamente una pasión auténtica—, se ven surgir súbitamente por todas partes a los políticos animados del espíritu de la ética de fines últimos. Son ellos los que proclaman: "No yo, sino el mundo es estúpido y vulgar; la responsabilidad por las consecuencias no recae sobre mí sino sobre aquellos a quienes sirvo; pero tengan paciencia, yo sabré extirpar toda esta estupidez y vulgaridad". Frente a esto les digo muy francamente que yo comenzaría por informarme sobre el equilibrio interior de estos partidarios de la ética de fines últimos. Tengo la impresión de que en nueve de cada diez casos se trata de "inflados" que no se dan cuenta de las responsabilidades que asumen y que se intoxican con sensaciones románticas. Desde un punto de vista humano esto no me interesa mucho, ni me conmueve demasiado. Por el contrario, me siento profundamente conmovido por la actitud de un hombre *maduro* —sea joven o viejo— que se siente realmente y con toda su alma responsable de las consecuencias de sus actos y que practicando una ética de la responsabilidad, llega al punto de declarar: "No puedo hacer más. Aquí me detengo"[18]. Una actitud así es auténticamente humana y conmovedora. Cada uno de nosotros, si su alma no está ya totalmente muerta, puede encontrarse un día en una situación similar. Vemos entonces que la ética de fines últimos y la ética de la responsabilidad no son contradictorias, sino que se completan mutuamente y constituyen en conjunto al hombre auténtico, es decir a un hombre que puede aspirar a la "vocación política".

Mis queridos amigos. Dentro de diez años podríamos tener la ocasión de volver a conversar sobre estas cuestiones. Desgraciadamente, por una

18 Alusión a las palabras pronunciadas por Lutero ante la dieta de Worms, *Hier etehe ich, ich kann nicht anders Gott helfe mir. Amen* (ver *Jenaer Folioausgabe*, 1575, T. I, p. 444).

serie de razones temo que por entonces la etapa de reacción se habrá expandido. Es probable que muy poco de lo que muchos de ustedes y (lo confieso ingenuamente) también yo hemos deseado y esperado se habrá realizado. Muy poco según todas las apariencias, por no decir absolutamente nada. Esto no logrará quebrantarme, pero puedo asegurarles que pesa como un fardo sobre mi conciencia. Me gustaría poder ver dentro de diez años en qué se han transformado todos aquellos de ustedes que se sienten ahora genuinamente políticos "de principios" y que comparten la intoxicación de la revolución actual; desearía mucho saber en qué se han convertido interiormente. Sería demasiado bello si las cosas pudiesen ocurrir como en el soneto 102 de Shakespeare:

Era nuestro amor joven y apenas se hallaba en primavera
cuando ya me placía saludarle con mis acentos,
Semejante a Filomena que canta en los albores del verano
Y hace enmudecer su caramillo en el avance de la estación madura.

Pero las cosas no son así. Poco importa cuales serán los grupos políticos que triunfarán; no aparece ante nosotros el florecimiento del verano, sino una noche polar de helada oscuridad y dureza. Allí donde no hay nada, no sólo el Kaiser sino también el proletario ha perdido sus derechos. Cuando esta noche se haya disipado lentamente ¿quiénes de aquellos para los cuales la primavera ha florecido en apariencia tan lujuriosamente estarán con vida? ¿Y qué habrá sido de todos ustedes por entonces? ¿Estarán amargados o "retorizados"? ¿Aceptarán simple y resignadamente el mundo y su oficio? ¿Será vuestra suerte la última y no menos frecuente posibilidad: la evasión mística de la realidad para todos aquellos dotados de la gracia, a menos que —como ocurre desgraciadamente con mucha frecuencia— sean obligados a caer en ella siguiendo la moda? En todos estos casos yo extraería la conclusión de que no estuvieron a la altura de sus deberes, de que no fueron capaces de medirse con el mundo tal cual es y tal cual se presenta cotidianamente. En ningún caso poseyeron ni objetiva ni positivamente, en el sentido profundo del término, la vocación por la política que creían tener. Habrían hecho mucho mejor en cultivar modestamente la simple fraternidad de las relaciones humanas y en cuanto al resto dedicarse a su trabajo cotidiano.

La política consiste en un esfuerzo tenaz y enérgico por taladrar tablas de madera dura. Este esfuerzo requiere pasión y perspectiva. Puede afirmarse, y toda la experiencia histórica lo confirma, que el hombre jamás habría podido alcanzar lo posible si no se hubiera lanzado siempre e incesantemente a conquistar lo imposible. Pero el hombre capaz de realizar tal esfuerzo debe ser un jefe, y no solamente un jefe, sino también un héroe en el sentido más simple de la palabra. Y aún aquellos que no son ni una ni otra cosa están obligados a armarse de presencia de ánimo que les permita resistir el desmoronamiento de todas sus esperanzas. Pero es preciso que lo hagan hoy mismo pues de lo contrario no podrán alcanzar ni

siquiera lo que hoy es posible. Sólo aquel que esté
convencido de que no se desintegrará aunque el
mundo, desde su punto de vista, sea demasiado
estúpido o demasiado mezquino para merecer lo
que él pretende ofrecerle, sólo aquel que sea capaz
de decir: "¡A pesar de todo!", tiene "vocación"
política.

ÍNDICE

Impreso en
en abril de 2008
Córdoba - Argentina

Made in the USA
Thornton, CO
02/04/23 19:35:51